사회가 보이는 사회사전

글 황은희
고려대학교 역사교육과를 졸업하고, 서울교육대학교 대학원 사회과교육과에서 공부했어요.
지금은 서울 창원초등학교에서 아이들을 가르치고 있어요.
2007 개정 사회 교과서(역사) 집필에 참여했고, 쓴 책으로는 「그림으로 보는 한국사」 시리즈,
「어린이들의 한국사」 등이 있어요.

그림 이국희
멀티미디어디자인을 공부하고, 지금은 어린이 책에 그림을 그리는 일러스트레이터로 활동하고 있어요.
그린 책으로는 「수학이 풀리는 수학사전」 「사회가 보이는 사회사전」 「과학이 즐거운 과학사전」 「선생님,
질문 있어요」 「퍼즐북 보물섬」 「상위 5%로 가는 문화탐구교실」 등이 있어요.

사회가 보이는 사회사전
글 황은희 그림 이국희

2판 1쇄 발행 2020년 3월 15일 **2판 3쇄 발행** 2024년 1월 2일
펴낸이 김병오 **편집장** 이향 **편집** 조웅연 김샛별 안유진 **디자인** 정상철 배한재
홍보마케팅 한승일 이서윤 강하영 **펴낸곳** (주)킨더랜드 **등록** 제406-2015-000037호
주소 경기도 파주시 회동길 512 B동 3F **전화** 031-919-2734 **팩스** 031-919-2735
ISBN 978-89-5618-865-2 74300
제조자 (주)킨더랜드 **제조국** 대한민국 **사용연령** 8세 이상

사회가 보이는 사회사전 ⓒ 2016 황은희 이국희
• 신저작권법에 의해 한국 내에서 보호를 받는 저작물이므로 무단전재와 복제를 금합니다.
• 종이에 손이 베이거나 모서리에 다치지 않게 주의하세요.

『사회가 보이는 사회사전』 똑똑하게 읽어 보기

초등학교 3, 4학년 사회 교과서에 나오는 용어를 주로 실었습니다. 또한 초등학교 3, 4학년 사회 교과서에는 나오지 않지만 사회 개념을 이해하는 데 도움이 되는 사회 용어와 5, 6학년 사회 교과서의 일부 단어를 함께 실었습니다.

우리가 일반적으로 사용하는 사전처럼 가나다 순으로 차례를 만들었습니다. 모르는 사회 용어를 사전에서 찾아 공부하는 습관을 가져 보세요.

다양한 그림과 생생한 사진을 이용한 설명을 통해 용어의 개념을 쉽게 이해할 수 있습니다.

다보탑

'하나 더'는 해당 사회 용어에 대한 보충 설명이나 관련 용어를 설명해 줌으로써 좀 더 깊이 있는 이해를 도와줍니다.

어떤 기후가 있나요?

〈함께 익히기〉에서는 해당 사회 용어와 관련된 내용으로, 같이 익히면 쉽게 이해되거나 함께 알아 두면 좋을 용어들을 적었습니다.

함께 익히기 결혼식

신나는 사회 교실 뽐내는 사회 실력에서는 우리나라의 명절과 민속놀이, 세계 여러 나라의 명절, 우리 고장의 행사, 우리나라의 문화유산 등 예로부터 전해 내려오는 풍습과 조상들의 예술적인 멋, 과학 기술 등을 소개하고 있습니다. 이를 통해 우리나라의 전통 문화를 이해하고 조상들의 지혜를 배우며, 또한 세계 여러 나라의 문화도 접할 수 있는 좋은 기회가 될 것입니다.

사회 용어를 익히는 것은 여러 사회 현상과 사회적 사실을 이해하는 힘이 되지요!

"문화가 뭐예요?", "지도는 어떻게 보는 거예요?" 하고 질문해 본 적이 있나요? 아니면 이런 말을 다른 사람에게 설명해 본 적이 있나요? 사회 교과서에 분명히 나와 있는 말인데도 막상 설명하려면 너무 어렵지요.

사회 교과서는 우리가 일상생활을 통해 경험하고 알게 되는 여러 가지 사회 현상과 사회적 사실을 이해하는 데 필요한 기본적인 개념과 지식을 다루고 있습니다. 언뜻 생각하기에 이런 사회 용어들을 모두 알고 있는 것 같지만 설명하려면 쉽지 않을 때가 종종 있습니다. 답답한 마음에 국어사전을 뒤적여 보지만 그 안에도 답이 없는 경우가 많습니다. 국어사전에서 낱말을 설명하듯 그렇게 단순하게 한 두 문장으로 설명할 수 없는 용어들도 있기 때문입니다. 때로는 상황을 이해해야 하는 경우도 있고, 한 용어를 설명하기 위해 다른 용어를 알아야 하는 경우도 있으며, 다양한 관점에서의 설명이 필요한 경우도 있습니다.

사회 과목을 처음 접하는 어린이들의 가장 큰 고민은 교과서 속 용어들이 너무 어렵다는 것입니다. 물론 어려운 용어들을 교과서에 설명해 놓은 경우도 있지만, 그것만으로 해결되지 않아 사회 과목에 점점 흥미를 잃어가는 어린이들이 꽤 많습니다.

아마도 사회는 다른 어느 과목보다 용어를 이해하는 것이 학습에 큰 힘이 되는 과목일 것입니다. 용어의 개념을 정확하게 알지 못하면 전체적인 내용을 이해

할 수 없는 경우가 많기 때문이지요.

교과서에 나오는 용어에 대한 개념을 『사회가 보이는 사회사전』에서 찾아가며 공부하다 보면 어렵게만 느껴졌던 사회 과목이 훨씬 쉽게 이해될 것입니다. 또한 부모님의 도움 없이도 스스로 공부할 수 있게 되고, 자신도 모르는 사이에 상식이 풍부한 어린이가 되어 있을 것입니다.

『사회가 보이는 사회사전』은 초등학교 3학년, 4학년 사회 교과서에 나오는 사회 용어를 쉽게 이해할 수 있도록 어린이 눈높이에 맞춰 자세하게 설명하고, 그림과 사진 자료를 함께 실어 재미와 흥미를 더했습니다.

사회를 공부하다 이해되지 않는 용어가 나오면 『사회가 보이는 사회사전』을 찾아보세요. 딱딱한 설명이 아니라 이야기를 들려주듯 교과서 속에서 그냥 지나쳤던 사회 용어를 쉽고 정확하게 알려 줄 것입니다.

어렵다고 생각하지 말고 '왜 이런 일이 생겼을까?', 어떤 일이 사실인지, 그 일로 생기는 변화는 무엇인지 미루어 생각해 보면서 공부한다면 사회 공부가 재미있어질 거예요. 자신감을 갖고 공부해 보세요!

황은희

차례

가게 · 18
가격 · 19
가족 · 20
간척지 · 21
강수량 · 22
건조 기후 · 23
건설업 · 24
결혼식 · 25
경제 활동 · 26
계절 · 27
고랭지 농업 · 28
고령화 · 29
고속도로 · 30
고원 · 31

고장 · 32
공공시설 · 33
공약 · 34
공업 · 35
과소비 · 36
관광지 · 37
광업 · 38
교류 · 39
교육청 · 40
교통 · 41
교통도 · 42
교통안전 · 43
국경일 · 44
국립공원 · 45
국회의원 · 46
귀농 · 47

그림지도 · 48
근로자 · 49
금융업 · 50
기념일 · 51
기상청 · 52
기업 · 53
기온 · 54
기호 · 55
기후 · 56

나라 · 58
나침반 · 59
너와집 · 60
노동 · 61

농산물직거래 · 62
농업 · 63
농촌 · 64

도표 · 75
독도 · 76
동지 · 77
등고선 · 78

박물관 · 88
방위 · 89
방위표 · 90
보건소 · 91
보고서 · 92
보통 선거 · 93
봉수 · 94
분지 · 95
비밀 선거 · 96

다문화 가정 · 66
다수결 원칙 · 67
단오 · 68
답사 · 69
대통령 · 70
대한민국 · 71
도매업 · 72
도시 · 73
도시 문제 · 74

리콜 제도 · 80

명절 · 82
문화 · 83
문화유산 · 84
문화의 다양성 · 85
문화재 · 86

사무업 · 98
사회 복지 센터 · 99

산업 · 100
산지촌 · 101
상민 · 102
상품 · 103
생산자 · 104
생산 활동 · 105
생활 도구 · 106
서당 · 107
서비스업 · 108
선거 · 109
선거관리위원회 · 110
설 · 111
성 역할 · 112
세금 · 113
소득 · 114
소매업 · 115

소비 · 116
소비자 · 117
수도 · 118
수도권 · 119
수입 · 120
수출 · 121
시·도 의회 · 122
시·도청 · 123
식생활 · 124

안내도 · 126
양반 · 127
양성평등 · 128
양식업 · 129

어업 · 130
어촌 · 131
여가 생활 · 132
연표 · 133
열대 기후 · 134
우데기 · 135
우체국 · 136
위치 · 137
원산지 표시제 · 138
유물 · 139
유적 · 140
유통 · 141
은행 · 142
이동 수단 · 143
이윤 · 144
이자 · 145

인구 · 146
인구 밀도 · 147
인구분포도 · 148
임업 · 149
입양 · 150

전통 · 160
정보화 · 161
정월 대보름 · 162
제례 · 163
제조업 · 164
주생활 · 165
주소 · 166
지구본 · 167
지구촌 · 168
지도 · 169
지방 자치 · 170
지방자치 단체 · 171
지방 의회 · 172
지역 · 173
지형 · 174
직거래 · 175

직접 선거 · 176

촌락 · 178
촌락 문제 · 179
추석 · 180
축산업 · 181
축척 · 182

태풍 · 184
통계표 · 185
통신 수단 · 186
투표 · 187

자매결연 · 152
자연재해 · 153
자연환경 · 154
자원 · 155
장례 · 156
재산 · 157
저축 · 158
저 출산 · 159

특산물 · 188

확대 가족 · 199

환경오염 · 200

편견 · 190

평등 선거 · 191

평야 · 192

신나는 사회 교실
뽐내는 사회 실력 · 201

한식 · 194

한옥 · 195

핵가족 · 196

행정 구역 · 197

화폐 · 198

가게

물건을 파는 곳이에요.

함께 익히기 가격, 경제 활동

어떤 필요한 물건이 있을 때 사러 가는 곳이 **가게**예요. 비슷한 말로 '상점'이라고도 해요.

가게의 종류에는 전자제품 가게, 채소 가게, 생선 가게, 과일 가게, 옷 가게, 학용품 가게 등이 있어요.

요즘에는 컴퓨터 안에 새로운 가게가 등장했어요. 바로 인터넷 가게인데, 인터넷에 올라와 있는 사진을 보고 필요한 물건을 살 수 있지요. 인터넷 가게를 이용하면 물건을 사러 직접 가게에 가지 않아도 되지요.

가게가 많이 모여 있는 곳을 상가라고 해요.

가격

물건이 지니고 있는 가치를 돈으로 나타낸 거예요.

함께 익히기 가게, 이윤

가격을 정해 놓으면 물건의 가치를 쉽게 비교할 수 있어요. 비슷한 말로 '값'이라고도 하는데, 물건뿐 아니라 일을 한 것, 건물, 땅 등의 가격도 정할 수 있어요. 가격이 높은 물건인 경우 가치가 높다고 판단할 수 있지요.

예를 들어 연필은 한 자루에 100원이고, 색연필이 한 자루에 500원이라면 색연필의 가치가 높다고 할 수 있어요. 만드는 과정이나 재료에 따라 그 가격이 정해져요.

가족

**결혼한 부부를 중심으로
부모와 자식의 관계에 있는 집단이에요.**

함께 익히기 결혼식, 입양

가족은 결혼한 부부로 이루어져요. 주로 부모와 자식, 형제나 자매처럼 핏줄이 같은 사람들로 이루어지지만 입양으로도 가족이 될 수 있어요.

가족은 가장 친밀한 관계를 이루고 사는 사람들로, 살아가는 데 힘이 되고 소중한 사람들이에요. 하지만 늘 함께 생활하기 때문에 그 소중함을 쉽게 잊기도 해요.

같은 핏줄은 아니지만 입양을 통해 가족이 되는 경우도 있어요.

간척지

**바다나 호수를 막은 뒤 그 안의 물을 빼내어
사람들이 이용할 수 있도록 만든 땅이에요.**

우리나라는 3면이 바다로 둘러싸여 있어요. 서해안과 남해안은 해안선의 드나듦이 복잡하고, 밀물과 썰물의 차이가 커서 갯벌이 발달했어요. 그래서 간척지로 개발될 가능성이 높은 곳이 많아요. 간척지는 주로 농사지을 땅이나 공장 터로 이용되고 있어요.

간척 사업으로 이용할 수 있는 땅이 늘어나는 것은 좋은 일이에요. 하지만 오염 물질을 걸러 주고, 여러 종류의 바다 생물이 살고 있는 갯벌이 줄어드는 것은 안타까운 일이에요.

간척지

강수량

**일정한 기간 동안 어떤 지역에
내린 비, 눈, 우박, 안개의 양을 말해요.**

강수량은 비나 눈, 우박처럼 하늘에서 내린 것을 일정한 곳에 모아 녹인 뒤 물이 되면 그 양을 재요. 강수량을 재는 단위로는 보통 밀리미터(mm)를 써요. 비가 너무 많이 와서 강수량이 많으면 홍수가 나서 피해를 입게 되고, 반대로 강수량이 적으면 가뭄으로 농사짓기 힘들어요.

보통 강수량은 막대 그래프로 나타내는데, 막대 길이가 길수록 강수량이 많은 거예요.

〈월별 강수량의 변화〉

세종대왕 때부터 측우기를 만들어 비의 양을 쟀어요.

건조 기후

비가 적게 오고 햇볕이 강한 지역의 기후예요.

함께 익히기 기후

건조 기후 지역은 물이 부족해서 식물이 잘 자라지 못하는 곳으로, 모래로 뒤덮인 사막과 작은 풀들이 자라는 초원이 펼쳐져 있어요. 특히 사막 지역에 사는 사람들은 낙타를 타고 물이 있는 곳을 찾아 옮겨 다니며 생활하고 있어요.

건조한 지역에 사는 사람들은
헐렁하면서도 온몸을 감싸는 옷을 입어요.
이런 옷은 햇볕과 모래 바람을 막아 주지요.

건설업

건물을 짓거나 도로를 만드는 등의 일이에요.

함께 익히기 **도시**

집을 짓는 일, 도로나 다리를 만드는 일, 공장을 세우는 일 등이 모두 **건설업**이에요.
우리나라 건설업은 세계적인 수준으로 다른 나라의 중요한 건물이나 시설 등을 만들어 주기도 하지요.

건설업이 발달하면서 도시의 건물들이 점점 높아지고 있어요.

결혼식

남자와 여자가 만나 부부가 되어
가정을 이루는 의식이에요.

함께 익히기 **가족**

결혼식은 가까운 친척이나 친구, 같은 직장에 다니는 사람들을 불러 놓고 두 사람이 부부가 됨을 알리는 일이에요. '혼인식' 또는 '혼례'라고도 해요. 만 20세가 되면 부모님의 허락 없이도 결혼할 수 있어요.

옛날에는 주로 전통 혼례를 했지만 지금은 대부분 예식장에서 결혼식을 해요. 물속에서 하는 결혼식, 야외에서 하는 결혼식, 배 위에서 하는 결혼식 등 점점 다양한 모습의 결혼식이 등장하고 있어요.

경제 활동

생활에 필요한 물건을 만들고, 사고, 팔고,
사용하는 것과 관련된 모든 일이에요.

함께 익히기 **가게, 가격**

다른 사람에게 팔기 위해 공장에서 물건을 만들어 내는 일, 농촌에서 농산물 기르는 일, 어촌에서 고기를 잡는 일 등을 모두 **경제 활동**이라고 해요. 또 물건을 사는 일, 파는 일, 그리고 산 물건을 써서 없애는 일 등도 경제 활동에 속하지요.

나는 오늘 공장에서 열심히 자동차를 만들었지.

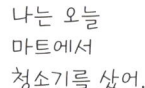

나는 오늘 마트에서 청소기를 샀어.

저는 오늘 문구점에서 공책 한 권을 샀어요.

저는 오늘 아이스크림을 사 먹었어요.

계절

날씨의 변화에 따라 일 년을 봄, 여름, 가을, 겨울로
나누어 놓은 것을 말해요.

우리나라는 날씨의 변화에 따라 봄, 여름, 가을, 겨울 사계절로 나뉘어요. 계절에 따라 입는 옷, 먹는 음식, 놀이 등 생활 모습도 다르지요.
따뜻한 봄에는 씨를 뿌리고 모내기를 해요. 그리고 꽃잎을 넣어 화전을 만들어 먹어요. 여름에는 장맛비가 내려요. 날씨는 덥지만 바다에서 시원한 물놀이를 할 수 있어요. 단풍이 곱게 물드는 가을이 되면 곡식을 거두어 들여요. 추석에는 햅쌀로 송편을 만들어 먹지요. 눈이 내리는 추운 겨울에는 두꺼운 옷을 입고 스케이트, 스키 등 겨울 놀이를 즐겨요. 겨우내 맛있는 김치를 먹기 위해 김장을 하지요.

고랭지 농업

높은 곳에 있는 평평한 지역이나 산에서 이루어지는 농업이에요.

함께 익히기 농업

고랭지 농업은 400~1000m 높이의 평평한 지역이나 산간 지역에서 이루어지는 농업이에요. 이러한 지역은 다른 지역에 비해 여름철 날씨가 서늘하고 태양이 내리쬐는 시간이 길며 비가 많이 내려요. 그래서 무더운 여름에도 가을에 재배하는 배추나 무 등을 농사지어 먹을 수 있지요. 이때는 채소가 귀한 시기라 비싼 값에 팔 수 있어요.

우리나라의 고랭지 농업은 대관령 부근의 강원도 산간 지역에서 이루어지고 있어요. 주로 감자, 무, 배추 등을 재배하지요.

이곳에서 재배한 채소를 가까운 도시에 내다 팔아요.

고령화

나이가 65세 이상인 사람의 수가 점점 늘어나는 것을 말해요.

의학이 발달하고 생활 수준과 환경이 예전에 비해 좋아지면서 나이가 많은 노인들이 늘어나고 있어요. 이렇게 나이가 많은 노인 인구수가 늘어나는 것을 **고령화**라고 해요.

우리나라 사람들의 평균 수명은 약 79세예요. 요즘 주변에서 80세를 넘긴 노인을 찾는 것은 그리 어려운 일이 아니에요. 우리나라도 점점 고령화 사회가 되고 있지요.

내 나이는 83세!

나는 여든 살! 우리는 아직도 건강해요.

고속도로

차가 빠르고 안전하게 다닐 수 있도록 만들어 놓은 도로예요.

함께 익히기 교통, 교통도

고속도로는 큰 도시나 중요한 지역을 연결해 놓은 도로예요. 오고 가는 길이 중앙 분리대에 의해 나뉘어져 있어요. 고속도로를 이용하면 일반 도로를 이용하는 것보다 먼 거리를 빠른 시간 안에 갈 수 있어요.

서울과 춘천을 잇는 고속도로가 만들어져 서울에서 춘천까지 1시간 안에 갈 수 있게 되었어요.

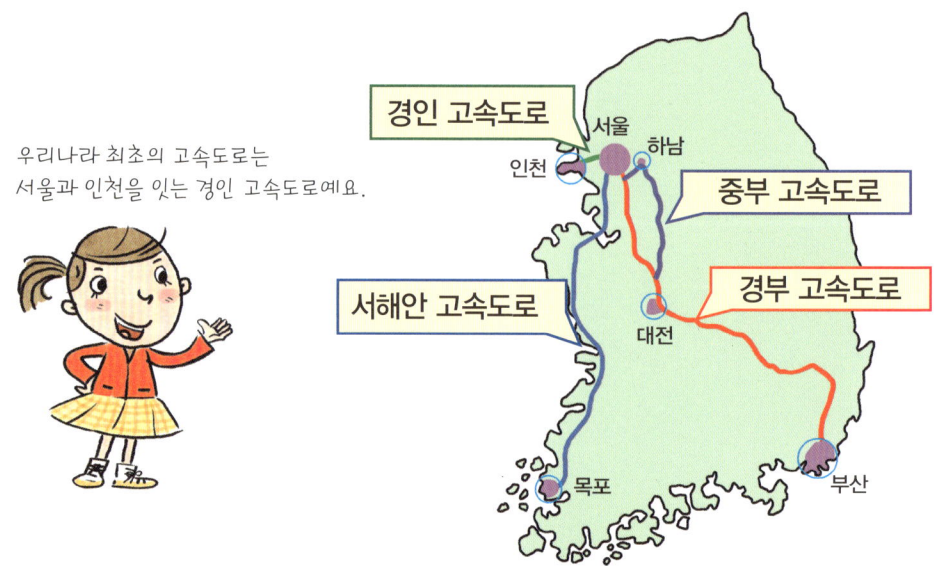

우리나라 최초의 고속도로는 서울과 인천을 잇는 경인 고속도로예요.

고원

높은 지역에 있는 평평하고 넓은 땅이에요.

고원은 보통 600m 이상의 높은 지역에 있어요. 이러한 지역은 주변 산의 기울기가 심해 오르기가 어렵고 사계절 내내 선선하고 건조해요.

우리나라에서 가장 높은 고원 지역은 백두산에 있는 개마고원이에요. 또 멕시코의 수도인 멕시코시티는 세계적인 고원 도시로 유명한데, 이 도시는 2,260m나 되는 높은 지역에 있어요.

에휴,
올라가기
너무 힘들다.

고장

사람들이 살고 있는 지역을 말해요.

함께 익히기 **지역**

우리나라에는 평야가 있는 고장, 바다가 있는 고장, 산이 많은 고장, 그리고 도시 등 여러 고장이 있어요.
이러한 고장들은 각각 다른 곳에 있으며, 고장의 모습도 서로 다르지요. 하는 일과 생활 모습도 서로 달라요.
고장에 살고 있는 사람들의 생활 모습은 자연환경의 영향을 많이 받지요.

공공시설

고장 사람들 누구나 쉽게 이용할 수 있는 것으로
여러 사람들에게 편리함을 주는 시설이에요.

함께 익히기 지방 자치 단체, 세금

공공시설은 정부나 지방 자치 단체가 만들고 관리해요. 도시의 공공시설로는 지하철역, 하수도, 공원, 가로등, 놀이터 등이 있고, 농촌의 공공시설로는 마을 회관, 농산물 저장 창고 등이 있어요. 또 어촌의 공공시설에는 수산물 보관 창고, 항구, 부두, 등대 등이 있어요. 이러한 공공시설은 주민들이 낸 세금으로 만들고 관리하지요.

백화점은 공동의 이익을 위해 만들어진 것이 아니라, 개인의 이익을 위해 만들어진 것이기 때문에 공공시설이라고 할 수 없어요.

백화점

지하철역

공공시설의 종류는 고장마다 달라요.

등대

공약

**선거에서 후보자들이 대표로 뽑힌 이후
꼭 실천하겠다고 약속한 내용이에요.**

함께 익히기 선거, 선거관리위원회

선거 운동을 할 때 후보자들이 여러 가지 공약을 제시해요. 후보자가 당선되면 선거 때 자신이 공약으로 내세운 여러 가지 일들을 꼭 실천해야 돼요. 그것은 자신을 뽑아 준 사람들과의 약속이니까요.

투표를 하는 사람들은 공약을 보고 자신들의 대표가 될 만한 사람을 뽑아요.

공업

원료를 이용해 새로운 물건을 만들어 내는 일이에요.

함께 익히기 **산업**

공업은 2차 산업이라고도 해요. 주로 공장에서 원료를 이용해 새로운 물건을 만들어요.
옛날에는 집에서 필요한 물건을 만들었어요. 오늘날에는 점점 기술과 기계가 발달해 공장에서 많은 양의 물건을 한꺼번에 만들게 되었어요.

우리 생활에 꼭 필요한 옷, 식료품 외에 기계, 자동차, 반도체, 컴퓨터 등도 만들어요.

과소비

돈이나 물건을 지나치게 많이 쓰는 것을 말해요.

함께 익히기 **저축**

과소비는 절약하지 않고 지나치게 많은 물건을 사거나 많은 돈을 쓰는 것을 말해요.
경제적으로 여유가 생기거나 물건들이 많아지면서 과소비를 하는 사람들이 옛날보다 많아졌지요. 과소비를 하면 가정과 나라의 살림살이는 점점 어렵게 되지요.

자동차를 새로운 모델로 바꿨어요.

멋진 가방을 새로 샀어요.

최신형 핸드폰을 샀어요.

과소비를 줄이려면 꼭 필요한 물건만 사고, 가계부를 쓰거나 저축하는 습관을 길러야 해요.

관광지

경치가 좋은 산이나 바다, 유적지, 온천 등이 있어
구경할 만한 곳을 말해요.

함께 익히기 **국립공원**

관광지는 대부분 산이나 바다가 있는 곳이에요. 또 옛 도읍지가 있던 곳으로 역사적인 문화유산이 남아 있는 곳이 많지요. 이러한 관광지는 교통이 발달하고 사람들이 묵을 수 있는 호텔이나 콘도 등 숙박 시설이 많이 있어요.

제주도는 유명한 관광지가 참 많아요.

광업

**땅속에 묻혀 있는 금, 은, 철광석, 석탄, 석유 등
여러 가지 자원을 캐는 일이에요.**

땅속에 묻혀 있는 여러 가지 자원을 캐내는 일을 **광업**이라고 해요. 광업은 주로 석탄과 석회석 등이 많이 묻혀 있는 강원도 지역에서 발달했어요.
석탄을 캐는 곳을 탄광이라고 하는데, 요즘에는 석탄의 사용량이 점점 줄어들면서 대부분의 탄광들이 문을 닫았어요.

땅속에 묻힌 자원을
캐는 일을 하는 사람을
광부라고 해요.

교류

자원이나 물건, 문화 등을 서로 주고받는 일이에요.

교류는 지역과 지역, 지역과 나라, 나라와 나라 사이에 물건이나 자원, 문화 등을 주고받는 일이에요. 이러한 교류를 통해 지역과 나라는 더욱 발전하게 돼요.

우리가 사용하는 물건 중에는 우리나라에서 만든 것도 있지만 다른 나라에서 들여온 것도 많아요. 요즘에는 물건이나 자원의 교류뿐만 아니라, 문화 교류도 활발하게 일어나고 있어요. 특히 우리나라 드라마나 케이팝(K-POP)은 일본, 중국, 필리핀 등에서 인기가 높지요.

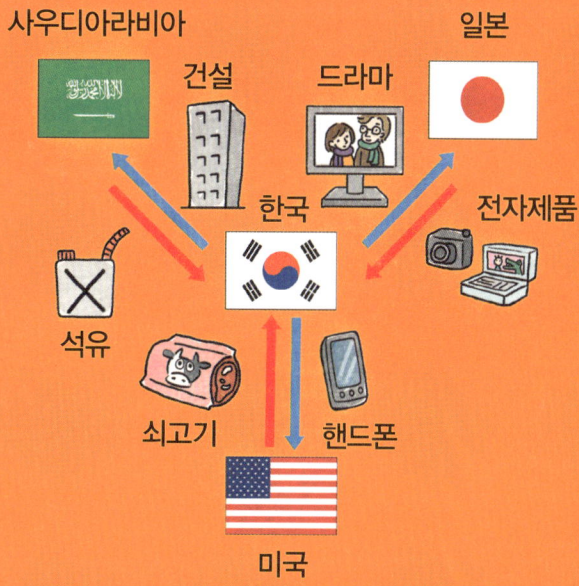

교육청

더 좋은 교육을 위해 학교 및 교육 과정에 대해 여러 가지 일을 하는 곳이에요.

교육청은 시나 도에 있는 것으로 교육과 관련된 여러 가지 일을 해요. 학교 시설을 짓거나 학원을 지도하고 감독해요. 또 여러 가지 교육 자료를 나누어 주고 선생님들 연수를 진행해요. 이외에도 유치원, 초등학교, 중학교, 고등학교에서 하는 여러 가지 일들을 도와주고 있어요.

교육청의 노력으로 우리나라 교육 환경이 더욱 좋아지고 있어요.

교통

자동차, 배, 비행기 등을 이용해 사람이 오고 가거나 짐을 실어 나르는 일을 말해요.

함께 익히기 **고속도로, 교통도**

옛날에는 걸어 다니거나 수레, 배, 말, 가마 등을 타고 다녔어요. 그런데 과학 기술이 발달하면서 교통수단이 점점 발전하여 자동차, 기차, 비행기 등 새로운 교통수단이 등장했어요.
이렇게 교통수단이 발달하면서 다른 지역으로 쉽게 오고 갈 수 있게 되었고, 다른 지역에서 나는 물건도 빠르게 얻을 수 있게 되었어요.

교통수단의 발달로 서울에서 부산까지 약 2시간 40분만에 갈 수 있게 되었어요.

〈옛날의 교통수단〉

〈오늘날의 교통수단〉

교통도

고속국도, 철도, 항로, 항공로 등이 그려진 지도예요.

함께 익히기 고속도로, 교통

교통도에는 고속국도, 철도, 항로(뱃길), 항공로(비행기 지나가는 길) 등 여러 가지 길이 그려져 있을 뿐만 아니라 주요 철도역, 공항, 무역항(구) 등이 표시되어 있어요.
교통도를 살펴보면 우리 지역에서 다른 지역으로 갈 수 있는 여러 가지 길과 방법에 대해 자세히 알 수 있어요.

교통도를 보면
다른 지역으로 갈 수 있는
길과 교통수단을
알 수 있어요.

교통안전

교통질서를 잘 지켜 사고를 미리 막는 것을 말해요.

교통질서를 잘 지켜야 사고를 미리 막을 수 있어요. 교통안전을 위해 꼭 지켜야 할 것들이 있어요. 우선 길을 건널 때는 횡단보도나 지하도로 건너야 해요. 신호등이 녹색등일 때도 주위를 잘 살피며 건너고, 갑자기 뛰어나오면 안 돼요. 그리고 안전벨트를 꼭 매고, 움직이는 차 안에서는 절대 돌아다니면 안 돼요.

국경일

역사적으로 뜻깊은 날을 기념하기 위해 국가가 정한 날이에요.

함께 익히기 **기념일**

국경일은 국가가 법으로 정한 기념일이에요. 여러 가지 기념식과 축하 행사를 하며 집집마다 국기를 달아요. 우리나라 5대 국경일은 삼일절, 제헌절, 광복절, 개천절, 한글날이에요.

5대 국경일

1. **삼일절 (3월 1일)**
   일본의 식민 지배를 받던 시기에 우리 나라의 독립을 위해 만세 운동을 한 날을 기념하는 날이에요.
2. **제헌절 (7월 17일)**
   대한민국의 헌법을 만들어 널리 알린 것을 기념하는 날이에요.
3. **광복절 (8월 15일)**
   일본의 식민 지배에서 벗어나 독립을 되찾은 날을 기념하는 날이에요.
4. **개천절 (10월 3일)**
   단군왕검이 고조선을 세운 것을 기념하는 날이에요.
5. **한글날 (10월 9일)**
   세종대왕이 훈민정음을 만들어 널리 알린 것을 기념하는 날이에요.

식목일, 어린이날, 현충일은 기념일이에요.

국립공원

이름난 유적지나 자연 경치가 아름다운 곳 등 보존할 만한 가치가 있는 곳으로, 나라에서 보호하고 관리하는 곳이에요.

함께 익히기 관광지, 유적

국립공원은 자연 경치가 아름답고 뛰어난 곳이나 이름난 문화 유적지 등 보존할 만한 가치가 있는 곳으로, 나라에서 보호하고 관리하지요.
국립공원에는 지리산 국립공원, 북한산 국립공원, 설악산 국립공원, 한라산 국립공원, 다도해 국립공원, 한려해상 국립공원, 변산반도 국립공원, 태안해안 국립공원, 경주 국립공원이 있어요.

한라산 국립공원

국회의원

국민의 대표로서 국회에서 국가의 중요한 일을
결정하는 일을 하는 사람들이에요.

함께 익히기 대통령

국회의원은 국민의 대표로 국민이 선거를 통해 뽑아요. 국회의원의 임기는 4년이에요. 주로 나라의 법을 만들고, 나라에서 일 년 동안 쓸 돈을 심사하거나, 대통령이 나라 일을 잘하고 있는지 살펴요. 국민들의 의견을 모아 전달하기도 해요.

국회의사당은 국회의원들이 모여 회의하는 곳이에요.

국회의원은 청렴하고 나라 일을 먼저 걱정하는 사람이 해야 해요.

귀농

도시에 살던 사람이 농사를 지으려고
농촌으로 돌아가는 것을 말해요.

함께 익히기 촌락, 촌락 문제

요즘에는 도시를 떠나 농촌으로 돌아가 농사를 짓는 사람들이 점점 늘어나고 있어요. 이처럼 귀농이 늘어나는 이유는 답답하고 바쁜 도시 생활에서 벗어나 자연 속에서 건강한 생활을 하기 위해서이지요.

바쁜 도시 생활에서 벗어나 농촌에 오니 마음이 편안해지는 것 같아요.

내 손으로 농사를 지으니 안심하고 먹을 수 있지.

그림지도

고장의 모습을 간단한 그림으로 나타낸 지도예요.

함께 익히기 **기호, 방위표**

그림지도는 고장의 모습을 알아보기 쉽게 간단한 그림이나 기호를 사용하여 그린 거예요. 그림지도의 기호는 실제 모양을 본떠 만들거나 특징이 드러나게 만들어요. 또한 그림지도에서는 땅의 쓰임새에 따라 색깔로 구분해요.

그림지도 그리는 순서

보통 위쪽을 북쪽으로 해요.

❶ 가운데에 중심이 되는 건물을 그리고, 방위표를 그려요.

❷ 주요 도로, 철로, 산, 하천 등을 그려요.

❸ 주요 건물을 그려요.

❹ 집이나, 논, 밭 등을 그려요.

❺ 색을 칠해요.

근로자

직장에서 일을 하고 그 대가를 받는 사람이에요.

함께 익히기 기업, 노동

근로자는 직업을 가지고 일(노동)을 하고 그 대가를 받는 사람을 말해요. 노동한 대가로 돈을 받기 때문에 '노동자'라고도 해요.
근로자는 일을 해서 생활에 필요한 돈을 벌기도 하지만 일을 통해 보람과 행복을 찾기도 해요.

요즘에는 외국에서 온 근로자들도 많아졌어요.

금융업

돈을 맡아 주거나 빌려 주는 것과 관련된 일이에요.

함께 익히기 은행, 이자, 저축

금융업은 돈을 맡아 기업이나 다른 사람에게 빌려 주고 이자를 받아 돈을 늘리는 일을 말해요. 금융업을 하는 곳을 금융기관이라고 하는데, 은행이 가장 대표적인 금융기관이에요. 보험회사, 증권회사, 협동조합도 금융업을 하는 곳이에요.

은행에 가면 저금을 할 수도 있고, 돈을 빌릴 수도 있어요.

기념일

기억하거나 축하할 만한 특별한 일이 있었던 날이에요.

함께 익히기 **국경일**

기념일은 기억하거나 축하할 일이 있었던 날을 말해요. 우리는 이날을 기념일로 정해 해마다 기억하거나 축하해요.

우리나라의 기념일

1. 식목일 (4월 5일)
2. 장애인의 날 (4월 20일)
3. 근로자의 날 (5월 1일)
4. 어린이날 (5월 5일)
5. 현충일 (6월 6일)
6. 광복절 (8월 15일)
7. 국군의 날 (10월 1일)
8. 개천절 (10월 3일)
9. 한글날 (10월 9일)
10. 소비자의 날 (12월 3일)

3월 1일 삼일절은 국경일이고, 3월 3일 조세의 날은 기념일이에요.

국경일 외에 나라에서 정한 기념일도 많이 있어요.

기상청

날씨와 관련된 일을 맡아 하는 곳이에요.

기상청에는 황사 센터, 지진 센터, 태풍 센터 등이 있어요. 일기 예보와 태풍 주의보 등 날씨와 관련된 정보와 지진, 해일 정보 등 다양한 정보를 알려 주지요. 또한 기상과 관련된 교육을 하기도 하고, 여러 가지 연구를 하기도 해요. 특히 어린이들이 기상청에 대해 알고 과학에 흥미를 가질 수 있도록 하기 위해 어린이 기상 교실을 열어요. 기상청 홈페이지(http://www.kma.go.kr)에서 기상청이 하는 일을 좀 더 자세히 알 수 있어요.

기업

이익을 얻기 위해 제품을 만들어 팔거나
일손을 제공하는 일을 하는 곳이에요.

함께 익히기 근로자

기업은 '회사'라고도 해요. 우리 생활에 필요한 물건을 만들어 팔아요. 또 일손을 제공하여 이익을 얻기도 해요.

기업의 종류에는 제품을 만들어 파는 기업(●●전자, ◇◇제과, ☆☆자동차), 석유를 수입해 파는 기업(□□정유), 전기를 만들어 파는 기업(◎◎전력), 물건을 배달하는 일을 하는 기업(▲▲택배), 연예인을 길러 내는 기업(◆◆엔터테인먼트), 아파트를 지어 파는 기업 (■■건설) 등이 있어요.

이러한 기업 중에는 직원의 수가 만 명이 넘는 기업도 있지만, 한 명인 기업도 있어요. 직원이 한 명인 기업은 주로 창의적인 생각과 기술 등을 가지고 있어요.

기업의 종류는 정말 여러 가지구나!

기온

공기의 온도예요.

함께 익히기 **기후**

기온은 보통 땅에서 1.2m ~ 1.5m 높이의 공기의 온도를 말해요. 높이 올라갈수록 기온은 낮아져요. 우리나라에서는 기온을 ℃로 나타내요. 그래프에서는 선을 이용해 나타내지요.
바다와 가까운 고장이 바다에서 멀리 떨어진 고장보다 여름에는 기온이 낮고, 겨울에는 기온이 더 높아 생활하기 좋아요.

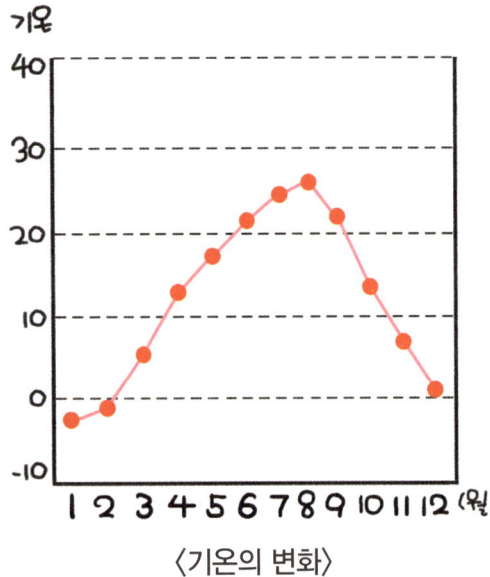

〈기온의 변화〉

우리나라는 여름철에 기온이 높고, 겨울철에 기온이 낮아요.

기호

땅 위의 여러 가지 것들을 지도에
나타내기 위해 정한 약속이에요.

함께 익히기 그림지도

기호는 사람들이 정한 약속으로, 지도를 그릴 때 기호를 사용해서 실제 모습을 간단하게 나타낼 수 있어요. 그래서 기호에는 실제 모습이나 특징이 나타나 있고, 누구나 기호를 보면 그것이 무엇을 나타내는지 알 수 있어요.

기호	이름	기호	이름
⚑	학교	⚭	과수원
✄	우체국	▲	산
✚	병원	𝅘𝅥	논
⊐⊏	다리	∥∥	밭
┼┼┼□┼┼┼	철로	▭	도로

기호에는 실제 모습이나
특징이 잘 나타나 있어요.

기후

일정한 지역에서 여러 해에 걸쳐 나타난
기온, 비, 눈, 바람 등을 말해요.

함께 익히기 **건조 기후**

기후는 오랜 기간 동안의 평균적인 날씨로, 곳에 따라 달라요. 시간이 흐르면서 변하기도 하지요. 최근에 지구온난화로 기후가 점점 변하고 있어요.

우리나라는 사계절이 있는 온대 기후에 속해요.

어떤 기후가 있나요?

1. 열대 기후 : 일 년 내내 덥고 비가 많이 와요.
2. 건조 기후 : 비가 많이 오지 않아 건조한 날씨예요.
3. 온대 기후 : 봄, 여름, 가을, 겨울 사계절의 변화가 있어요.
4. 냉대 기후 : 겨울이 길고 추우며, 여름은 짧으나 기온이 높아요.
5. 한대 기후 : 가장 따뜻한 달의 평균 기온이 10℃ 이하로 나무가 자라지 않아요.

ㄱㄴㄷ
ㄹㅁㅂㅅ
ㅇㅈㅊㅋ
ㅌㅍㅎ

나라

일정한 영토 안에 사람들이 살고 있으며
주인으로서의 권리를 가진 집단이에요.

나라는 일정한 영토 안에 사람들이 살며 주인의 권리가 있는 집단이에요. 다른 나라에 의해 간섭 받지 않고 스스로 어떤 일을 결정할 수 있어요. 지구에는 200여 개의 나라들이 있는데 인구수가 10억 명이 넘는 나라도 있고, 1,000명이 안 되는 나라도 있어요. 비슷한 말로 '국가'라고 해요.

우리나라와 이웃한 나라는 일본과 중국이에요.

나침반

방향을 알기 위해 쓰는 기구로 나침판이라고도 해요.

함께 익히기 방위, 방위표

나침반은 중국 송나라에서 발명한 것이에요. 방향을 알려 주지요. 서양으로 전해져 새로운 뱃길(신항로)을 알아내는데 큰 역할을 했어요. 지금은 정보통신기술이 발달해 나침반을 사용하는 일이 거의 없지만, 옛날에는 길을 찾는데 큰 도움을 주었어요.

지남차

나침반의 유래가 된 중국의 지남차라는 것이에요.
작은 신선의 손이 항상 남쪽을 가리켰어요.

너와집

지붕을 기와 대신 나무 조각이나 돌조각으로 덮은 집이에요.

너와집은 산에서 밭을 일구며 살던 사람들이 짓고 살던 집이에요. 기와 대신 주로 나무 조각을 이어 지붕을 만들었지요. 바람에 날아가지 않도록 지붕에 돌을 얹어 놓기도 했어요. 나무가 많은 태백산 지역(강원도)이나 북한의 개마고원 지역에서 너와집을 주로 짓고 살았어요.

너와집은 여름에 시원하고 겨울에는 따뜻하대.

노동

생활에 필요한 것을 얻기 위해
육체적·정신적 노력을 들여 일하는 것이에요.

함께 익히기 **근로자**

사람들은 먹고 살아가기 위해 다양한 노동을 해요. 농사짓는 일, 공장에서 물건을 만드는 일, 건물을 짓는 일, 사람을 치료하는 일 등이지요. 글을 쓰거나, 아이디어를 내는 일 등 정신적인 노동을 하며 사는 사람들도 있어요.

노동을 하면
그에 대한 대가를
받게 되지요.

농산물 직거래

농촌에서 생산된 곡식이나 채소, 과일 등을 중간 상인을 거치지 않고 직접 사고파는 일이에요.

함께 익히기 **유통**

농촌이나 어촌, 산지촌 등에서 생산된 물건을 중간 상인을 거치지 않고, 직접 필요로 하는 사람에게 파는 것을 직거래라고 해요. 직거래를 하면 중간 비용이 들지 않아요. 그러다 보니 파는 사람은 비싼 가격에 팔 수 있고, 사는 사람은 싼 가격에 살 수 있어요. 서로에게 이익이지요.

직거래로 물건을 사니 마트에서 사는 것보다 훨씬 싸고 싱싱한 걸!

농업

땅에서 여러 가지 농작물을 기르거나
우리에게 필요한 식물을 가꾸는 일이에요.

함께 익히기 농촌, 산업, 어업

농업은 주로 농촌에서 이루어지고 있는데, 논에서 하는 논농사와 밭에서 하는 밭농사로 나눌 수 있어요. 벼를 기르는 일, 채소를 기르는 일, 과일을 기르는 일, 꽃을 기르는 일 등이 모두 농업에 속해요.
요즘에는 농약 사용을 줄이는 친환경 농사법으로 농사를 짓는 곳이 늘고 있어서 사람들이 농산물을 안심하고 먹을 수 있게 되었어요. 또 키위, 망고, 블루베리 등 새로운 과일 농사를 지어 수입을 올리고 있어요.

비닐하우스에서 농사를 짓게 되면서 계절에 상관없이 딸기를 먹을 수 있어요.

농촌

농사를 짓는 사람들이 모여 사는 곳이에요.

함께 익히기 농업, 산지촌, 어촌

농촌은 넓은 평야가 있고 주변에 큰 강이 흘러 농사짓기 좋은 곳이에요. 그래서 대부분 농촌에서는 농사를 짓거나 소, 돼지 등 가축을 기르지요.

농촌 사람들은 주로 벼농사를 짓는데 이외에도 피망, 느타리버섯 등 새로운 농작물을 길러 수입을 올리기도 해요. 도시와 가까운 농촌에서는 꽃을 키우는 일과 비닐하우스 농사를 많이 해요.

넓은 평야가 있어 농사짓기 좋아요.

ㄱㄴㄷ
ㄹㅁㅂㅅ
ㅇㅈㅊㅋ
ㅌㅍㅎ

다문화 가정

나라, 인종, 문화가 다른 사람들이 만나 이룬 가정이에요.

다문화 가정은 우리나라 사람들이 외국인과 결혼해 이룬 가정, 우리나라에 와서 일하고 있는 외국인 가정, 북한에서 넘어온 가정 등을 말해요.
요즘 우리 사회에는 다문화 가정이 점점 늘고 있어요. 이들이 차별 받지 않고 잘 살 수 있도록 많은 관심과 도움이 필요해요. 국가에서도 우리나라에서 잘 적응하며 살 수 있도록 한국어를 가르치는 등 여러 가지 노력을 하고 있어요.

다문화 가정이 늘고 있다는 것은 우리나라가 세계화되어 가고 있다는 거예요.

다수결 원칙

많은 사람의 의견에 따라 결정하는 것을 말해요.

함께 익히기 **투표**

회의에서 어떤 일을 결정할 때 **다수결 원칙**에 따라 결정한다고 해요. 이것은 많은 사람의 의견에 따르는 것을 말해요.
하지만 다수결 원칙에 따라 결정한다고 해서 많은 수의 사람들 의견만 중요한 것은 아니에요. 적은 수의 의견에도 귀를 기울여야 해요.

단오

우리나라 명절 중 하나로 음력 5월 5일을 말해요.

함께 익히기 명절

단오에는 남자들은 씨름을 하고, 여자들은 그네를 탔어요. 창포물에 머리를 감았고, 수레바퀴 모양의 쑥떡을 해 먹었지요.
또한 단오에는 부채를 선물하기도 하는데, 이는 여름에 더위 타지 말고 건강하게 지내라는 뜻이 담겨 있어요.

창포물에 머리를 감거나 창포 뿌리로 만든 비녀를 꽂으면, 병을 물리칠 수 있다고 믿었어요.

답사

직접 가서 보고 조사하는 것을 말해요.

함께 익히기 보고서

유적지, 유명한 장소, 박물관, 산, 하천 등에 직접 가서 보고 느끼며, 조사하는 것을 **답사**라고 해요. 답사를 하면 직접 볼 수 있어 기억에 오래 남아요. 또한 생생하고 정확한 정보를 얻을 수 있어요.

답사는 이렇게 해요!

1. 답사할 내용, 목적, 장소 정하기
2. 답사할 곳 미리 조사하기
3. 답사 방법과 준비물 정하기
4. 답사 계획서 만들기
5. 답사하기
6. 모은 자료 정리해서 보고서 쓰기

계획을 세울 때에는 장소, 날짜, 교통편, 조사할 내용, 준비물, 주의할 점 등에 대해 미리 생각해 두어야 해요.

답사를 할 때에는 관찰하기, 사진 찍기, 녹음하기, 설명 듣기, 질문지 만들어 조사하기, 그려 보기 등의 방법을 이용해요.

대통령

국가를 대표하며 나라의 중요한 일을 결정하는 사람이에요.

함께 익히기 **국회의원**

대통령은 나라의 중요한 일을 결정하는 사람으로 그 나라를 대표하지요. 우리나라의 대통령은 국민이 직접 선거를 해서 뽑고, 임기는 5년으로 한 번만 할 수 있어요. 대통령은 국민의 행복과 나라의 발전을 위해 여러 가지 노력을 해요.

모든 나라에 대통령이 있는 것은 아니에요. 영국이나 일본처럼 대통령이 없고 국왕이 있는 나라도 있어요.

청와대

청와대는 우리나라 대통령이 살면서 나라 일을 하는 곳이에요.

대한민국

우리나라의 이름이에요. 줄여서 '한국'이라고도 해요.

대한민국은 우리나라의 이름이에요. 대한민국이란 나라 이름은 1919년 3·1운동 이후에 만들어진 '대한민국 임시 정부'에서 정한 것이에요. 대한제국의 '대한', 국민의 나라라는 뜻의 '민국'이 합쳐진 말이에요.

〈대한민국 지도〉

대한민국의 주인은 국민이에요.

도매업

일반 사람들이 아닌 가게를 하는 사람들에게 물건을 파는 일이에요.

함께 익히기 **소매업**

도매업을 하는 사람들은 물건을 하나씩 팔지 않아요. 묶음이나 상자 단위로 많은 양의 물건을 팔아요.

물건이 우리에게 오기까지의 과정

공장에서 물건을 만들어요.

공장에서 만들어진 물건을 도매업을 하는 사람들에게 팔아요.

도매업을 하는 사람들이 가게를 하는 사람들에게 물건을 팔아요.

우리가 가게에서 물건을 사요.

동네 가게에서 물건을 사는 것보다 도매 시장에 가면 싼 가격에 물건을 살 수 있어요.

도시

많은 사람이 살고 있으며, 모든 생활의 중심지가 되는 곳이에요.

함께 익히기 **도시 문제**

도시에는 비교적 많은 사람들이 살고 있으며 생활의 중심지 역할을 해요. 또한 길이 넓고 복잡하며 지하철 등 교통 시설이 발달했어요. 도시에는 높은 건물들이 들어서 있고 회사가 많으며, 백화점, 영화관, 경기장 등이 많이 있어요.

도시는 인구수에 따라 대도시와 중소 도시로 나뉘는데, 인구가 50만 명 이상이면 대도시라고 해요.

서울특별시

서울은 우리나라에서 가장 인구가 많은 도시예요.

도시 문제

도시에서 생겨나는 여러 가지 문제를 말해요.

함께 익히기 **공공시설, 도시**

많은 사람들이 도시로 모여들면서 여러 가지 문제가 생겼어요. 도시의 가장 큰 문제는 주택 부족, 교통 문제, 환경오염 등이에요. 이러한 도시 문제를 해결하기 위한 방법으로는 우선 회사나 공공 기관을 지방으로 옮겨, 도시에 살던 사람들이 지방으로 이사 가도록 해서 인구수를 분산시키는 거예요.
또한 대중교통을 이용하게 하고, 주택 공급을 늘려야 해요. 그러면 교통 문제와 주택 문제를 어느 정도 해결할 수 있어요.

도표

조사한 내용을 그림이나 그래프로 나타낸 것을 말해요.

도표는 조사한 내용의 많고 적음을 한눈에 알아볼 수 있어요. 또 변화된 모습도 쉽게 알 수 있어요.

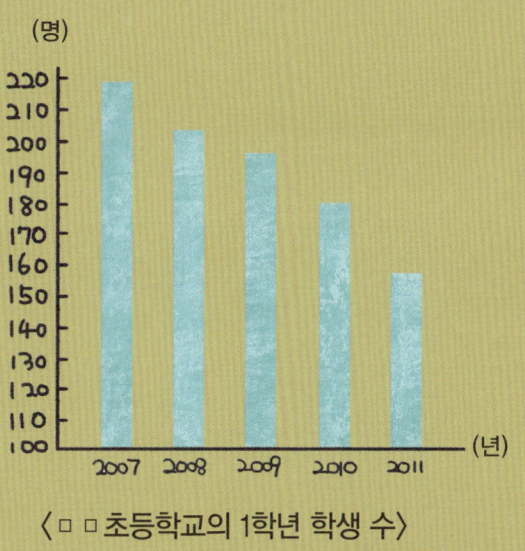

〈□□초등학교의 1학년 학생 수〉

도표를 보면 1학년 학생 수가 점점 줄어들고 있다는 것을 한눈에 알 수 있어요.

독도

우리나라 가장 동쪽에 있는 섬이에요.

독도는 경상북도 울릉군에 있는 섬으로 동해에 있어요. 화산이 폭발하면서 만들어진 섬이지요. 동도와 서도 그리고 주위의 작은 섬들로 이루어져 있어요. 독도는 옛날에는 세 개의 봉우리 때문에 '삼봉도'라고 불렸어요. 돌로 된 섬이라고 해서 '돌섬'이라고도 불렸지요.

독도

독도 주변에는 여러 가지 자원들이 아주 많아요.

동지

낮의 길이가 가장 짧고 밤의 길이가 가장 긴 날이에요.

동지는 양력 12월 22일이에요. 옛날부터 우리 조상들은 동짓날이 되면 팥죽을 쑤어 먹었어요. 그리고 동짓날 날씨로 새해 풍년을 점치기도 했는데, 이날 눈이 많이 오고 날씨가 추우면 풍년이 든다고 생각했어요.
또한 팥죽을 대문에 뿌렸는데, 이것은 붉은색을 싫어하는 귀신을 쫓아 나쁜 일이 생기지 않도록 하기 위해서였지요.

동짓날에는
동그란 새알이 들어 있는
맛있는 팥죽을 먹어요.

등고선

땅의 높이가 같은 곳을 연결해 놓은 선이에요.

등고선은 지도에서 땅의 높이가 같은 곳을 선으로 연결해 놓은 거예요. 지도에서 등고선을 보면 땅의 높낮이를 쉽게 알 수 있어요.

또한 지도에서 땅의 높이가 같은 곳은 같은 색을 칠해서 나타내기도 해요. 높은 곳일수록 진한 색을 칠하는데, 초록색 < 노란색 < 갈색 < 고동색 순서로 색칠해요.

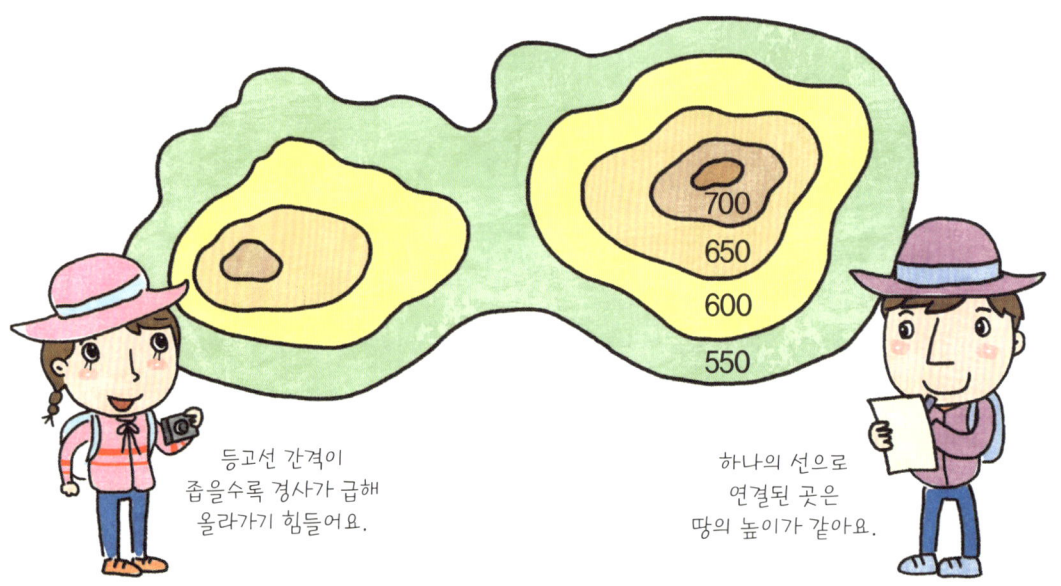

등고선 간격이 좁을수록 경사가 급해 올라가기 힘들어요.

하나의 선으로 연결된 곳은 땅의 높이가 같아요.

가나다
2
라마바사
아자차카
타파하

리콜 제도

제품에 문제가 있을 때 이를 알리고,
그 제품을 고쳐 주거나 바꿔 주는 제도예요.

함께 익히기 **소비자**

리콜 제도는 제품에 문제가 있을 때 이를 알리고, 그 제품을 고쳐 주거나 새 제품으로 바꾸어 주는 제도를 말해요. 때로는 다시 돈으로 돌려주기도 하는데, 이러한 리콜 제도는 물건을 사서 쓰는 소비자를 보호하기 위한 것이지요.

새로운 제품으로 바꿔 드립니다.

☆☆자동차에서 ◇◇모델 자동차 리콜을 실시합니다.
저희 회사에서 새로 개발한 ◇◇모델 자동차에
문제가 있는 경우가 있습니다.
저희 자동차를 사신 분들은 1577-●●●●로 전화 주세요.
새 제품으로 바꿔 드립니다.

ㄱㄴㄷ
ㄹㅁㅂㅅ
ㅇㅈㅊㅋ
ㅌㅍㅎ

명절

우리 조상들이 전통적으로 지내온 날로,
여러 가지 행사와 놀이를 하며 즐기는 날이에요.

함께 익히기 단오, 설, 추석

우리나라의 대표적인 4대 명절은 설, 한식, 단오, 추석이에요.

우리나라의 4대 명절

설
음력 1월 1일, 새해를 시작하는 날이에요.
우리 민족의 가장 큰 명절로 한 해 동안 좋은 일만 생기기를 바라는 날이에요.
떡국을 나누어 먹고 서로 덕담을 나누는 날이에요.

한식
양력 4월 5일 즈음, 한 해의 농사가 시작되는 때예요.
조상들의 산소를 찾아보고 제사를 지내요.

단오
음력 5월 5일, 모내기를 하고 잠깐 쉬는 때예요.
창포물에 머리를 감으며 나쁜 기운과 병을 물리쳤다고 해요.

추석
음력 8월 15일, 우리 민족에게 설날 다음으로 큰 명절이에요.
가을에 새로 추수한 쌀과 과일로 음식을 장만해 차례를 지내요.

문화

한 사회의 사람들이 가지고 있는 생각, 행동, 생활 모습 등을 말해요.

생각, 행동, 생활 모습뿐 아니라 입는 옷, 음식, 언어, 종교 등도 모두 문화에 속해요. 문화에 따라 사람들의 생각과 행동이 달라요. 문화가 다른 나라에서는 식사하는 방법이 다르기도 해요.

한국 사람들은 숟가락과 젓가락을 사용해서 음식을 먹어요.

미국 사람들은 주로 포크와 나이프를 사용해서 음식을 먹어요.

일본 사람들은 주로 젓가락을 사용해서 음식을 먹어요.

인도 사람들은 손으로 음식을 먹어요.

문화유산

후손들에게 물려줄 만한 가치가 있는 것을 말해요.

함께 익히기 문화재, 유물, 유적

문화유산은 후손들에게 물려줄 만한 가치가 있는 거예요. 유물과 유적, 과학, 기술, 음악, 놀이, 무용 등이 모두 문화유산이에요. 이렇게 조상들이 남긴 여러 가지 문화유산을 통해 당시의 생활 모습을 알 수 있어요.

문화의 다양성

세계 여러 나라의 언어, 종교, 생활 모습 등이 서로 다른 것을 말해요.

언어, 종교, 생활 모습, 습관 등 나라마다 문화가 서로 다른 이유는 자연환경이 다르고, 살아온 과정이 다르기 때문이에요.

세계 여러 나라의 문화 체험

조에족은 옷을 입지 않고 살아요. 나무 막대기를 깎아 입술과 턱 사이에 끼워 장식해요.

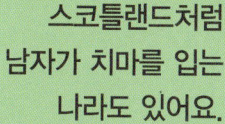

스코틀랜드처럼 남자가 치마를 입는 나라도 있어요.

얼음으로 뒤덮인 곳에 사는 에스키모인들은 추운 날씨 때문에 털옷을 입어요.

문화재

조상들이 남긴 것 중 특히 보존할 만한 가치가 있는 것을 말해요.

함께 익히기 문화유산, 유물, 유적

문화재는 문화유산과 비슷한 말로 유형 문화재와 무형 문화재로 나눌 수 있어요. 탑이나 절, 성 등과 같이 형태가 있는 것을 유형 문화재라고 하고, 음악, 무용, 놀이, 기술 등과 같이 형태가 없는 것을 무형 문화재라고 해요.

다보탑

양주별산대놀이

다보탑은 형태가 있으니까 유형 문화재구나.

양주별산대놀이는 형태가 없으니까 무형 문화재네.

건강 리모델링 오직 체통장

박물관

조상들이 남긴 물건이나 미술품,
그 밖의 여러 가지 자료들을 모아 전시하는 곳이에요.

함께 익히기 문화유산, 문화재, 유물

박물관에서는 조상들이 남긴 유물이나, 우리에게 도움이 되는 여러 가지 자료들을 전시해요. 박물관은 서로 다른 분야의 물건이나 자료를 전시하는 종합 박물관과 농업 박물관이나 고인쇄 박물관처럼 한 가지 분야의 물건이나 자료만 전시하는 전문 박물관으로 나눌 수 있어요.

농업 박물관에는 농업과 관련된 것들이 전시되어 있어요.

방위

어떤 기준을 중심으로 방향을 나눈 것을 말해요.

함께 익히기 그림지도, 방위표

동, 서, 남, 북 등의 방향을 표시한 것을 **방위**라고 해요. 위치를 알려면 방위를 알아야 해요. 평평한 곳에서 나침반의 빨간 바늘이 가리키는 곳이 북쪽이에요. 그리고 그 반대쪽은 남쪽, 오른쪽은 동쪽, 왼쪽은 서쪽이에요. 방위는 동, 서, 남, 북으로 나눈 4방위와 더 자세하게 나눈 8방위가 있어요.

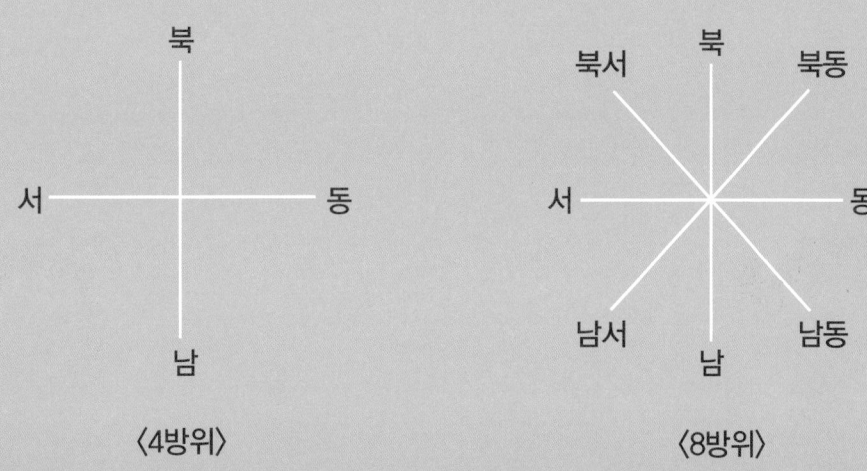

방위표

방위를 나타내는 표예요.

함께 익히기 **방위**

방위표는 4방위표와 8방위표 등이 있어요. 4방위표보다 8방위표가 위치를 더 자세하게 알려 줘요. 지도를 그릴 때 방위표를 그리지 않는 경우도 있어요. 방위표가 없는 지도에서는 보통 위쪽이 북쪽, 아래쪽이 남쪽, 오른쪽이 동쪽, 왼쪽이 서쪽을 나타내요.

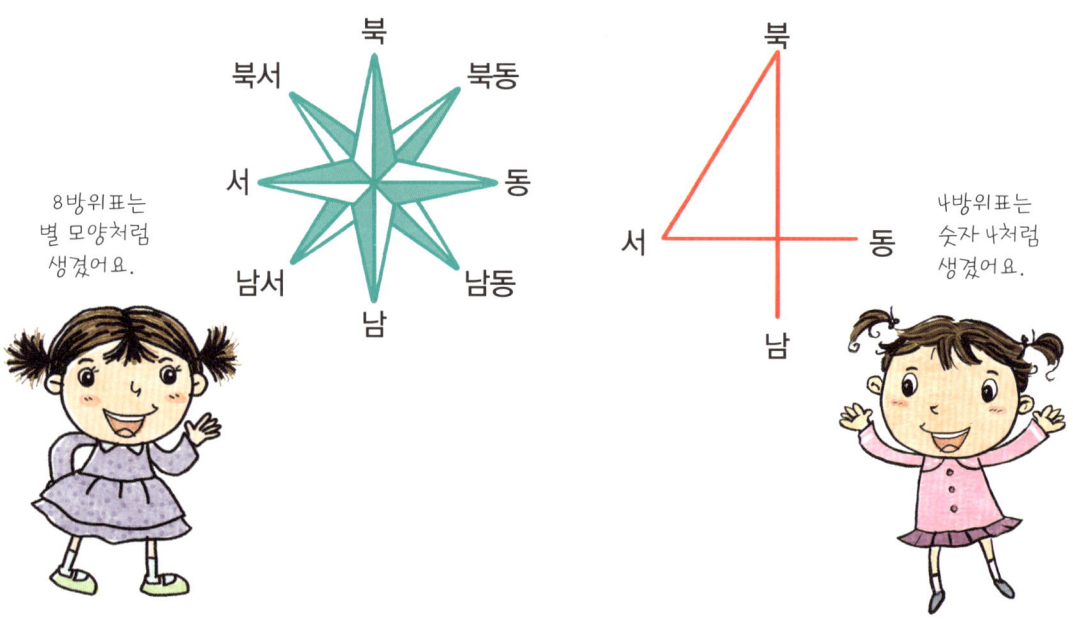

보건소

지역 사람들의 건강한 삶을 위해
여러 가지 일을 하는 공공 기관이에요.

보건소는 각 시, 군, 구에 있는 공공 기관으로 그 지역 사람들이 병에 걸리지 않고 건강하게 생활할 수 있도록 여러 가지 일을 해요.

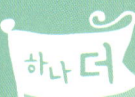

보건소에서 하는 일

① 국민의 건강을 높이기 위한 일을 해요.
② 전염병과 질병을 예방하고 관리해요.
③ 어린 아이들에게 예방 주사를 놓아 주어요.
④ 임신한 엄마의 건강을 관리해요.
⑤ 노인들의 건강을 관리해요.
⑥ 국민의 영양 상태를 조사해요.
⑦ 우리 지역을 소독해요.

보건소에서는 예방 주사를 무료로 놓아 주기도 해요.

보고서

조사나 활동 등을 통해 알아낸 사실을
적어서 내는 것이에요.

함께 익히기 답사

사회 공부를 할 때는 조사 학습을 많이 해요. 조사를 통해 새롭게 알게 된 사실을 조사 보고서에 써서 내지요. 보고서에 새롭게 알게 된 내용을 글과 그림으로도 나타낼 수 있고, 사진 자료 등도 함께 넣을 수 있어요.

조사 보고서를 쓰다 보면
나도 모르는 사이 새롭게
알게 된 내용들이 정리돼요.

보통 선거

일정한 나이가 되면 누구나 투표할 수 있는 제도를 말해요.

함께 익히기 선거, 선거관리위원회, 투표

일정한 나이가 되면 투표할 수 있는 자격을 주는 제도를 **보통 선거**라고 해요. 우리나라의 모든 국민은 만 19세가 되면 투표에 참여할 수 있어요. 하지만 옛날에 여성이나 노예들은 투표에 참여할 수 없었던 나라도 있었어요.

봉수

연기나 불을 피워 나라의 급한 소식을 알리는 것을 말해요.

옛날에는 낮에는 연기, 밤에는 횃불을 피워 적의 침입과 같은 나라의 급한 소식을 알렸어요. 신호를 알리기 위해 피운 연기나 횃불을 봉화라고 하고, 이러한 봉화를 피우기 위해서 산봉우리에 봉수대를 만들었어요.

비가 오는 등 날씨가 좋지 않은 경우에는 봉수대를 담당하는 사람이 직접 소식을 알렸다고 해요.

평상시에는 한 곳에 불을 피우고, 적군과 전쟁이 시작되면 다섯 곳에 모두 불을 피웠어요.

낮에는 연기를 피우고, 밤에는 횃불을 올렸어요.

분지

주위가 산으로 둘러싸인 낮고 평평한 땅이에요.

분지 지형은 주위가 산으로 둘러싸여 있어요. 이곳은 비가 적게 오고 햇볕을 많이 받기 때문에 과일 농사가 잘 돼요.
분지 지형은 외적의 침입을 막기에도 유리했어요. 주위를 둘러싸고 있는 산이 외적의 침입을 막는 역할을 했기 때문이지요.

산으로 둘러싸여
비구름이 들어오지 못해
비가 적게 와요.

비밀 선거

**자신이 투표한 내용을 다른 사람이
알지 못하도록 하는 선거 제도예요.**

함께 익히기 보통 선거, 투표

비밀 선거는 자신이 투표한 사람이 누구인지 다른 사람이 알지 못하도록 비밀을 보장하는 선거 제도예요. 비밀 선거는 공정한 선거를 위해서 꼭 지켜야 돼요.

다른 사람에게 보여서는 안 돼요.

ㄱㄴㄷ
ㄹㅁㅂㅅ
ㅇㅈㅊㅋ
ㅌㅍㅎ

사무업

책상에 앉아 회사 일을 하는 것을 말해요.

사무실에서 하는 일을 보통 **사무업**이라고 해요. 사무업을 하는 사람들은 대부분 하루 종일 건물 안에서 일을 하는데, 도시에 사는 사람들의 직업 중에 사무업이 많아요. 사무업을 하는 사람들은 어떤 일을 기획하거나 컴퓨터를 다루거나 문서 관리 등 어떤 일의 진행을 위해 필요한 일들을 하지요.

사회 복지 센터

지역 사람들이 편안하고 행복하게 살 수 있도록
도와주는 일을 하는 곳이에요.

사회 복지 센터는 지역에 살고 있는 모든 사람들이 건강하고 편안하며, 더욱 행복한 생활을 할 수 있도록 도와주는 일을 하는 곳이에요. 요즘은 각 지역에 사회 복지 센터가 만들어져 있어 지역에 사는 사람들의 생활을 도와주고 있어요.

특히 어린아이, 장애인, 노인들을 돌봐 주고 교육을 하기도 해요. 또한 그들이 생활하는 데 필요한 여러 가지 도움을 주고 있어요.

산업

사람들의 생활에 필요한 물건을 만들거나
생활을 편리하게 할 수 있도록 도와주는 일이에요.

함께 익히기 농업, 어업, 임업, 광업, 공업, 서비스업

농사를 짓는 일, 공장에서 물건을 만들어 내는 일, 생활을 편리하게 할 수 있도록 도와주는 일 등을 모두 **산업**이라고 해요.

산업은 1차 산업, 2차 산업, 3차 산업으로 구분하기도 해요. 1차 산업은 자연에서 물건을 얻어 내는 일로 농업, 어업, 광업, 임업 등을 말해요. 2차 산업은 원료를 가지고 새로운 물건을 만들어 내는 일로, 주로 공장에서 물건을 만들어 내는 공업을 말해요. 3차 산업은 사람들의 생활을 편리하게 도와주는 일로 서비스업이라고도 해요. 이러한 산업들이 모두 고르게 발달해야 나라의 경제가 튼튼해져요.

1차 산업에는 농업, 어업, 광업, 임업 등이 속해요.

2차 산업은 주로 공업을 말해요.

3차 산업은 서비스업이라고도 해요.

산지촌

산간 지역에 있는 마을이에요.

함께 익히기 **관광지, 광업**

산간 지역에 자리 잡고 있는 작은 마을을 **산지촌**이라고 해요. 산지촌은 주로 산이 많고 숲이 우거져 있어 공기가 맑아요. 이곳에서는 계단 모양의 논과 산비탈에 있는 밭을 볼 수 있어요.

산지촌에 사는 사람들은 주로 밭농사를 짓고 버섯이나 약초를 길러요. 또 소나 양 같은 가축도 기른답니다.

예전에는 산지촌에 광산이 많았으나, 지금은 점점 사라져가고 있어요.

요즘에는 삼림욕장이나 스키장 등 관광지로 개발되고 있어요.

상민

일반 백성들을 말해요.

함께 익히기 농업

옛날에는 일반 백성들을 **상민**이라고 불렀어요. 상민의 대부분은 농사를 짓는 농민들이었어요. 또 물건을 만드는 수공업자와 장사를 하는 상인도 상민이었지요.

옛날에 상민은 주로 초가집에 살았어요. 목화솜에서 실을 뽑아 만든 무명옷을 입고 짚신을 신는 사람들이 대부분이었지요.

상품

시장에서 사고 팔리는 물건이나 일손을 말해요.

함께 익히기 농촌, 어촌, 산지촌

시장에 내다 팔기 위해 만들어진 여러 가지 물건이나 사람들의 일손(노동)을 **상품**이라고 해요.
공장에서 만들어지는 여러 가지 물건들과 농촌, 어촌, 산지촌에서 생산되어 시장에서 팔리는 농산물, 수산물 등을 모두 상품이라고 해요.

물건뿐만 아니라 사람들의 일손도 상품이에요.

생산자

생산자는 사람들이 살아가는 데 필요한 물건을
만들어 파는 사람이에요.

함께 익히기 생산 활동, 소비자

생산자는 자연에서 직접 물건을 얻기도 하고, 자연에서 얻은 물건을 이용해서 새로운 물건을 만들기도 해요.

참치

참치 통조림

생산자는 좋은 물건을
만들어 내기 위해
새로운 기술을 개발하는 등
여러 가지 노력을 해야 돼요.

생산 활동

사람들이 살아가는 데 필요한 여러 종류의
물건이나 서비스 등을 만들어 내는 일이에요.

함께 익히기 생산자, 소비자

사람들의 생활에 필요한 여러 가지 물건을 만들어 내는 일을 **생산 활동**이라고 해요. 또한 전기를 만들어 내는 일, 환자를 치료해 주는 일 등도 모두 생산 활동에 속해요.

생산 활동을 할 때
여러 부분으로 나누어 하면
일을 빠르고 쉽게 할 수 있어요.

생활 도구

생활에 필요한 여러 가지 물건을 말해요.

도구를 만들어 사용하게 되면서 사람들의 생활은 좀 더 편리해졌어요. 사람들이 쓰는 도구의 발달에 따라 생활 모습도 변해 왔어요.

지금 우리가 쓰고 있는 도구들이 미래에는 어떻게 달라져 있을까요?

우리 조상들의 도구에는 지혜가 담겨 있어요.

옛날	오늘날
맷돌	믹서
화로	전기난로
가마솥	전기밥솥
숯다리미	전기다리미

서당

조선 시대에 마을에서 아이들에게 글을 가르치던 곳이에요.

서당은 조선 시대에 아이들에게 글을 가르치던 곳이에요. 지금의 초등학교와 같아요.
서당에서 글을 가르치는 분은 훈장, 글을 배우는 아이들은 학동이라고 불렸어요. 서당에서는 천자문(한문) 등을 배웠는데, 남자아이들만 다닐 수 있었어요.

하늘 천, 땅 지
가마솥에 누룽지……

서비스업

물건을 팔지 않고 봉사를 해서 돈을 버는 일이에요.

함께 익히기 산업

서비스업은 물건을 팔아서 돈을 버는 것이 아니에요. 사람들에게 봉사를 하거나, 편리한 생활을 할 수 있도록 도와주고 돈을 벌어요.

서비스업의 종류

1. 병원 : 환자를 치료하는 일을 해요.
2. 호텔 : 사람들에게 잘 곳을 빌려 주는 일을 해요.
3. 미용실 : 머리를 손질해 주는 일을 해요.
4. 은행 : 예금과 관련된 일, 돈을 빌려 주는 일 등을 해요.
5. 여행사 : 사람들이 편리하게 여행할 수 있도록 도와주는 일을 해요.

택배 기사, 택시 기사, 학원 강사, 요리사 등도 모두 서비스업을 하는 분들이에요.

선거

어떤 단체나 지역, 나라의 대표를 뽑는 일이에요.

함께 익히기 공약, 비밀 선거, 선거관리위원회, 투표

선거는 학교, 지역, 나라의 대표를 뽑는 일이에요. 어린이 회장, 구청장, 시장, 국회의원, 대통령을 뽑을 때 선거를 하지요.

선거의 과정

❶ 선거인 명부를 만들어요.

❷ 후보자들이 등록을 해요.

❸ 선거 운동을 해요.

선거인 명부에는 투표할 권리가 있는 사람의 이름, 주소 등이 적혀 있어요.

❹ 투표를 실시해요.

❺ 당선된 사람을 발표해요.

선거에서 대표로 뽑히는 것을 당선이라고 해요.

선거관리위원회

선거와 투표가 공정하게 이루어지도록 관리하는 일을 하는 곳이에요.

함께 익히기 공약, 선거

선거관리위원회는 선거와 관련된 여러 가지 일을 해요. 국민 투표와 여러 가지 선거를 관리하고, 선거와 관련된 교육을 하며, 선거에 대해 널리 알려요. 선거관리위원회 홈페이지(http://www.nec.go.kr/)를 통해 선거관리위원회가 하는 일을 자세히 알 수 있어요.

선거관리위원회는 후보자들이 법과 규칙을 어기는 일이 없는지 감시해요.

설

우리나라 최대의 명절로 음력 1월 1일이에요.

함께 익히기 명절

설은 우리나라 최대의 명절로 새해의 첫날인 음력 1월 1일이에요. 설날 아침이 되면 온 가족이 새 옷인 설빔으로 갈아입고 조상님께 차례를 지내요. 그리고 어른들께 세배를 드리는데, 이때 어른들은 덕담을 해 주고 세뱃돈을 주지요. 또한 설날에는 떡국을 먹고 윷놀이, 연날리기, 널뛰기 등 여러 민속놀이를 즐겨요.

추석과 설날 아침 일찍 지내는 제사를 차례라고 해요.

성 역할

남자와 여자가 가정과 사회에서 하는 역할을 말해요.

함께 익히기 양성평등

옛날과 오늘날의 성 역할은 달라요. 또한 지역마다 나라마다 성 역할에 차이가 있어요.

옛날에는 남자와 여자가 하는 일이 서로 명확하게 구분되어 있었어요. 하지만 오늘날에는 남자와 여자가 하는 일에 특별한 구분이 없어졌어요. 남자도 집안일을 하고, 여자도 직업을 갖고 자신의 일을 열심히 하지요.

옛날에는 주로 남자만 서당에 다닐 수 있었고, 집안일은 여자만 했어요.

세금

국가의 살림을 위해 국민들이 나누어 낸 돈이에요.

함께 익히기 소득

국민들은 벌어들인 돈 중 일부를 나라에 **세금**으로 내요. 국가는 국민으로부터 거둔 세금으로 나라의 살림을 해요.

세금의 쓰임

나라를 지키는 데 사용해요.

사회 질서를 지키는 데 사용해요.

공공시설을 만드는 데 사용해요.

공무원의 월급으로 사용해요.

소득

일을 해서 벌어들인 돈이나, 땅 또는 건물을 빌려 주고
받은 돈을 말해요.

소득이란 여러 가지 방법으로 돈을 벌어들이는 것을 말해요. 대부분의 사람들은 일을 해서 돈을 벌어요. 땅이나 건물을 빌려 준 대가로 돈을 벌기도 하고, 은행에 저축을 해서 받은 이자로 소득을 올리기도 해요.

〈우리 가족의 소득〉

가족	하는 일	소득
할아버지	건물 관리	건물을 빌려 주고 돈을 받음
할머니	양로원 봉사 활동	없음
아버지	회사원	월급을 받음
어머니	집안일	없음
고모	선생님	월급을 받음

일을 한다고
모두 소득이
생기는 것은
아니에요.

소매업

물건을 사서 쓰는 사람들에게 직접 물건을 파는 일이에요.

함께 익히기 **도매업**

우리 주변에서 흔히 볼 수 있는 가게들의 대부분은 소매업을 하는 곳이지요. 소매업을 하는 가게들은 도매업을 하는 가게보다 물건 값이 비싸요. 물건을 낱개로 팔기도 해요.

우리가 사는 동네에서 볼 수 있는 가게들은 대부분 소매업을 하는 가게들이에요.

소비

물건을 사서 쓰거나 돈을 내고 서비스를 받는 것을 말해요.

함께 익히기 소득, 소비자

소비란 운동화나 가방 같은 물건을 사서 쓰는 것을 말해요. 영화를 보거나 병원에서 진료를 받고 돈을 내는 것도 모두 소비에 속해요.

이처럼 적당한 소비는 꼭 필요해요. 사람들이 소비를 하지 않으면 만들어 놓은 물건은 팔리지 않아 창고에 쌓이게 되고, 결국 회사는 망하게 돼요. 회사가 망하면 일자리도 줄어들게 되지요.

소비자

물건을 사서 쓰는 사람이에요.

함께 익히기 생산자, 소비

생산된 물건을 직접 사서 쓰는 사람을 **소비자**라고 해요. 소비자는 시장이나 마트, 백화점 등에서 물건을 사서 써요.
농촌이나 어촌, 산지촌 등에 사는 사람들은 생산자인 경우가 많고, 도시에 사는 사람들은 대부분 소비자인 경우가 많아요.

나는 생산자
어떻게 하면
조금 더 비싼 가격에
팔 수 있을까?

나는 소비자
조금 더 싼 가격에
살 수는 없을까?

수도

한 나라를 다스리기 위한 중심지 역할을 하는 곳이에요.

함께 익히기 수도권

수도에는 한 나라를 다스리는 공공 기관이 주로 모여 있지요. 나라의 경제를 이끌어 가는 여러 기관이 있으며, 다양한 문화 활동이 이루어지는 곳이에요. 즉, 한 나라의 중심지 역할을 하는 곳이지요.

우리나라의 수도인 서울은 천만 명이 넘는 인구가 사는 큰 도시예요. 도시 한가운데 한강이 흐르고, 나라의 주요 기관들이 모여 있어요.

서울특별시

수도는 한 나라의 중심지 역할을 해요.

수도권

수도와 그 주변 지역을 하나로 묶어 부르는 말이에요.

함께 익히기 수도

수도권이란 한 나라의 중심지인 수도와 그 주변 지역을 말해요. 우리나라의 수도권은 서울특별시, 인천광역시 그리고 그 주변 지역인 경기도 지역이에요. 우리나라 인구의 절반가량이 수도권에 모여 살고 있어요. 이렇게 많은 인구가 수도권으로 모여들면서 집값이 오르고 교통이 혼잡해졌어요.

그런데 왜 이렇게 많은 사람들이 수도권으로 모여드나요?

수도권에 여러 가지 중요한 시설들이 모여 있기 때문이에요. 주요 공공 기관, 큰 회사, 대학 등이 대부분 수도권에 있지요.

수입

다른 나라에서 원료나 물건을 사서 들여오는 것을 말해요.

함께 익히기 수출

부족한 원료나 물건을 사서 들여오는 것을 **수입**이라고 해요. 우리나라는 자원이 부족하기 때문에 주로 다른 나라에서 원료를 수입하고 있어요. 특히 석유는 우리나라에서 전혀 나지 않기 때문에 모두 수입해야 돼요.

〈우리나라의 주요 수입품〉

수입이 늘어날수록 우리나라의 살림살이는 힘들어져요.

수출

우리나라에서 생산된 원료나 물건을 다른 나라에 파는 것을 말해요.

함께 익히기 수입

우리나라는 주로 외국에서 들여온 원료를 이용해 새로운 물건을 만들어 다시 팔아요.

예전에는 신발, 옷, 가발 등을 수출했는데, 최근에는 높은 기술이 필요한 자동차, 전자제품, 휴대 전화 등을 수출해요.

〈우리나라의 주요 수출품〉

수입보다 수출이 많을수록 나라의 경제가 튼튼해요.

우리나라의 높은 기술은 세계에서도 인정받고 있어요.

시·도 의회

시·도 의원들이 모여 고장의 중요한 일을 의논하는 기관이에요.

함께 익히기 지방 자치 단체, 공공시설

시·도 의회는 각 시·도의 의원들이 모여 여러 가지 중요한 일을 의논해 결정해요. 각 시나 도에는 시 의회, 도 의회가 있어요.
시·도 의회의 의원들은 지역 주민들의 투표로 뽑아요.

시·도 의회에서 하는 일

❶ 지방 자치 단체의 법률인 조례를 만들어요.
❷ 각 지방 자치 단체에서 일 년 동안 쓸 예산을 검토해요.
❸ 각 지역에 필요한 공공시설을 만드는 일을 결정해요.

시·도청

시와 도의 살림을 맡아 하는 곳이에요.

함께 익히기 시·도 의회, 지방 자치 단체

시청과 도청은 시와 도의 살림을 맡아 하는 곳이에요. 지역에 살고 있는 사람들이 편리하게 생활할 수 있도록 여러 가지 일을 해요. 시청과 도청의 단체장인 시장과 도지사는 지역 주민들의 투표로 뽑아요.

시·도청에서 하는 일

① 주민들이 편리한 생활을 할 수 있도록 주택, 지하철, 도로 등을 건설해요.
② 전통 문화 축제, 문화재 보호 등을 통해 지역 문화를 발전시켜요.
③ 주민 센터, 문화 회관, 복지관 등을 세워 주민들에게 고른 혜택을 주어요.
④ 고장의 특산물 개발, 공장 건설 등 지역 경제 발전을 위해 노력해요.

식생활

먹는 음식과 관련된 생활을 말해요.

사람들의 먹는 음식과 관련된 생활을 **식생활**이라고 해요. 옛날에는 주로 자연에서 나는 재료로 음식을 만들어 먹었어요. 오늘날에는 라면, 햄버거 등과 같이 간편하게 먹을 수 있는 음식을 많이 먹어요. 식생활은 각 나라마다 차이가 있어요.

ㄱㄴㄷ
ㄹㅁㅂㅅ
ㅇㅈㅊㅋ
ㅌㅍㅎ

안내도

안내를 하기 위해 만든 지도예요.

함께 익히기 **교통도**

어떤 장소나 도로 등을 안내하기 위해 만든 지도를 **안내도**라고 해요. 안내도에는 관광 안내도, 교통 안내도 등이 있어요.
관광 안내도는 관광할 곳을 안내해 놓은 지도로 관광할 곳의 볼거리와 찾아가는 길이 잘 안내되어 있어요. 교통 안내도는 여러 가지 길이 안내되어 있는 지도예요.

마을 안내도

요즘은 기술이 발달하여 네비게이션이 교통 안내도의 역할을 대신하고 있어요.

양반

옛날에 가장 높은 신분으로 벼슬을 하며 나라를 다스리는 일을 했던 사람을 부르는 말이에요.

함께 익히기 상민

양반은 조선 시대 가장 높은 신분으로, 벼슬에 오를 수 있는 자격이 있는 사람들이에요. 그들은 넓은 땅과 노비를 가지고 있었어요.
벼슬에 오른 사람은 나라 일을 하는 관리가 되었어요. 벼슬에 오르기 위해서는 시험을 봐야 했어요. 그래서 양반들은 평소에 글공부를 많이 했어요.

모든 양반들이 부자는 아니었어요. 양반 중에 가난한 사람들도 있었어요.

양성평등

남자와 여자의 차별 없이 모든 면에서 똑같이 대하는 것을 말해요.

함께 익히기 성 역할

옛날에는 남자와 여자의 차별이 심했어요. 남자만 벼슬을 할 수 있었고 서당에도 다닐 수 있었어요. 여자들은 주로 집안일을 하며 살았어요.
하지만 오늘날에는 남자와 여자가 모두 똑같은 대우를 받아요. 남자와 여자 모두 학교에 다닐 수 있고 직업을 가질 수도 있지요.

여성 판사의 수도 점점 늘어나고 있어요.

양식업

강이나 바닷가에서 생선, 조개, 김, 미역 등을 기르는 일이에요.

함께 익히기 어업, 어촌

바닷가나 강가에 사는 사람들은 생선, 조개, 김, 미역 등을 길러 시장에 내다 파는 양식업을 해요. 맑고 잔잔하며 물의 온도가 적당한 곳이 양식업을 하기에 적합하지요.

양식업을 통해 부족한 물고기나 조개 등을 기를 수 있어요.

어업

강이나 호수, 바다에서 고기잡이를 하거나
조개, 김, 미역 등을 기르는 일이에요.

함께 익히기 산업, 어촌

우리나라에서 어업은 주로 바닷가에서 이루어지고 있어요. 바닷가에서 조개, 김, 미역을 기르고, 배를 타고 바다로 나가 고기잡이를 해요.
또 큰 배를 타고 먼 바다에 나가 상어, 참치 등 큰 물고기를 잡기도 해요. 이렇게 먼 바다에 나가 고기잡이 하는 것을 원양 어업이라고 해요.

오징어, 멸치, 고등어 등은 가까운 바다에서 많이 잡혀요.

어촌

바닷가 주변이나 섬에 있는 마을이에요.

함께 익히기 **어업, 양식업**

바닷가 주변이나 섬에 있는 마을을 **어촌**이라고 해요. 어촌에 사는 사람들은 주로 고기잡이를 하거나 양식 등 어업을 하며 살아요.

어촌에 사는 사람들은 주로 어업을 하며 살지만, 농사를 짓는 사람도 있어요.

여가 생활

학교를 다니거나 직장을 다니는 시간을 뺀
나머지 시간을 이용하는 활동이에요.

여가 생활이란 남는 시간을 이용해서 하는 여러 가지 활동을 말해요. 옛날과 오늘날의 여가 생활 모습은 많이 달라요. 건강을 위해 운동을 하거나, 여행을 다니거나 취미로 여러 가지 것들을 배우는 등 자신을 위해 쓰는 시간을 말하지요.

여가 생활을 통해 피로도 씻고
몸과 마음을 건강하게 해요.

연표

시간의 순서에 따라 일어난 중요한 일을 표로 나타낸 거예요.

연표는 해마다 일어났던 중요한 일들을 시간 순서대로 표에 써 놓은 것을 말해요. 보통 중요한 일이 일어난 연도와 그 일을 써 넣어요.
가로 모양의 연표와 세로 모양의 연표가 많이 쓰이고 있어요.

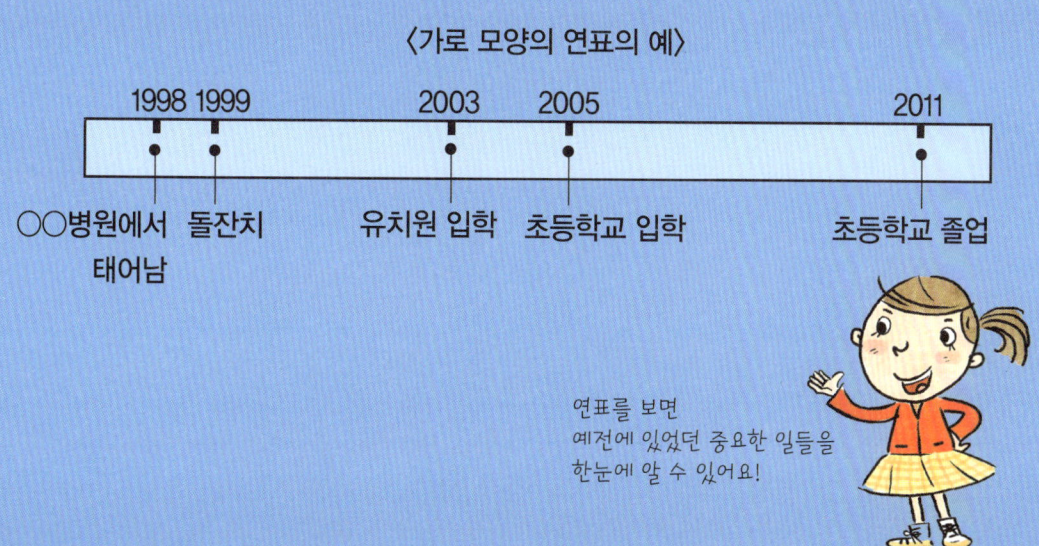

연표를 보면 예전에 있었던 중요한 일들을 한눈에 알 수 있어요!

열대 기후

일 년 내내 매우 덥고 비가 많이 오는 기후를 말해요.

함께 익히기 기후

열대 기후 지역은 평균 기온이 18℃ 이상으로 일년 내내 매우 더운 날씨가 계속되지요.
열대 기후 지역에는 비가 많이 내리고, 햇빛이 강해 여러 가지 식물들이 잘 자라요.

큰 나무들이 무척 많죠? 이런 곳을 밀림이라고 해요.

우데기

옥수숫대나 풀을 엮어 집 바깥쪽에 둘러 놓은 벽이에요.

우데기는 지붕의 처마 끝에서 땅까지 닿도록 만든 것으로, 비바람과 눈을 막아 주어요. 여름에는 햇빛을 막아 주어 시원하게 지낼 수 있어요.
겨울에 눈이 많이 오는 울릉도 지역에서 만들었는데, 스위스에서도 이와 비슷한 집을 지었어요.

우데기

우데기 덕분에 겨울을 따뜻하게 지낼 수 있어요.

우체국

편지나 소포 등의 우편물을 받아 배달하는 일을 하는 곳이에요.

함께 익히기 은행, 특산물

우체국은 편지나 포장된 작은 물건인 소포를 받아 배달하는 일을 해요. 또한 예금이나 송금처럼 은행에서 하는 일을 하기도 해요.

우체국에서 하는 일

1. 편지나 택배 등 우편물을 배달해요.
2. 예금, 돈 보내는 일, 돈 빌려 주는 일 등 은행에서 하는 일을 해요.
3. 보험과 관련된 일을 해요.
4. 각 지역의 특산물을 주문 받아 배달해 주어요.

요즘에는 우체국에서 꽃 배달도 해 주고 기념우표도 팔아요.

위치

어떤 지역이나 건물이 어디에 있는지 나타내는 거예요.

함께 익히기 나침반, 방위, 방위표

어떤 지역이나 건물이 어디에 있는지 나타내는 것을 **위치**라고 해요. 위치를 나타내는 가장 대표적인 방법이 '방위로 나타내기'예요.

'방위로 나타내기'는 기준이 되는 곳을 중심으로 동, 서, 남, 북 어느 방향에 있는지 나타내는 것을 말해요. 아래 지도에서 학교를 기준으로 소방서는 서쪽, 산은 북쪽에 위치하고 있어요.

위치는 기준에 따라 달라질 수 있어요. 철로는 학교를 기준으로 하면 북쪽에 있지만, 공장을 기준으로 하면 남쪽에 있지요.

원산지 표시제

어떤 물건이 생산된 나라나 지역을 표시하는 거예요.

함께 익히기 생산

어떤 물건이 어느 나라, 어느 지역에서 생산되었는지를 표시하는 것을 **원산지 표시제**라고 해요. 주로 과일, 곡식, 쇠고기, 생선 등 식품에 생산지를 표시하게 되어 있어요.
물건을 살 때 어느 나라, 어느 지역에서 생산된 물건인지 알 수 있지요.

유물

조상들이 우리에게 남겨 준 여러 가지 물건이에요.

함께 익히기 문화유산, 문화재, 유적

돌도끼, 청동검, 금관, 도자기, 해시계 등은 모두 조상들이 남긴 유물이에요. 이러한 유물들을 통해 당시의 생활 모습을 알 수 있어요. 유물은 크기가 크지 않아 쉽게 옮길 수 있어요.

옛날에는 막대의 그림자를 이용해서 시간을 알았구나!

유적

조상들이 남긴 것 중 크기가 크며,
위치를 옮길 수 없는 것을 말해요.

함께 익히기 유물

조상들이 남긴 것 중 크기가 크고 위치를 옮길 수 없는 것을 유적이라고 해요. 뿐만 아니라 무덤, 궁궐, 절, 전쟁터, 집터 등 조상들이 살았던 곳, 어떤 일이 일어났던 곳도 모두 유적이지요.

고인돌은 옛날 사람들의 무덤이에요.

유통

생산된 물건이 그 물건을 사서 쓰는
사람에게 전달되기까지의 과정을 말해요.

함께 익히기 직거래

유통은 물건이 생산되어 여러 단계를 거쳐 우리에게 전달되기까지의 모든 과정을 말해요.

우유가 배달되는 과정

❶ 목장에서 우유를 짜요.

❷ 공장에서 살균 과정을 거쳐 제품이 돼요.

❸ 우유를 대리점으로 보내요.

❹ 우유가 집으로 배달돼요.

은행

사람들의 돈을 맡아 주고 그 돈을 다른 사람에게
빌려 주는 일을 하는 곳이에요.

함께 익히기 금융업, 우체국

은행은 주로 돈을 맡아 주고 빌려 주는 일을 해요. 돈을 다른 사람에게 보내 주는 일도 하지요. 이렇게 은행과 비슷한 일을 하는 곳이 또 있어요. 우체국, 보험 회사, 농협 등에서도 은행이 하는 일을 하지요.

은행에서 하는 일

❶ 돈을 맡아 보관해 주는 일을 해요. 이것을 예금이라고 해요.
❷ 돈을 빌려 주는 일을 해요. 이것을 대출이라고 해요.
❸ 돈을 다른 사람에게 보내 주는 일을 해요. 이것을 송금이라고 해요.
❹ 세금이나 관리비 등을 받아요.

이동 수단

다른 곳으로 옮겨 가기 위해 이용하는 교통수단을 말해요.

옛날에는 주로 가마, 말, 수레, 뗏목, 배 등을 이동 수단으로 이용했어요. 그 뒤로 기술이 발달하면서 전차나 자동차가 등장했어요. 요즘엔 주로 고속버스, 고속 철도, 비행기 등을 이용해요. 이제 먼 고장뿐만 아니라 다른 나라까지도 빠르고 쉽게 갈 수 있게 되었어요.

이윤

물건을 팔아 남은 돈을 말해요.

함께 익히기 가격

물건을 만드는 데 사용된 재료 값이나 월급, 기계 값 등을 빼고 남은 돈을 이윤이라고 해요.

물건을 만드는 사람, 장사하는 사람들은 모두 이윤을 많이 얻으려고 노력해요. 이윤이 많이 남아야 회사나 가게가 계속 일을 할 수 있지요.

공책 한 권을 1000원에 팔았을 때 재료 값 300원, 월급 200원, 기계 값 100원을 빼고 나면 400원이 남아요.
400원이 이윤이에요.

이자

은행에 예금을 하거나 돈을 빌렸을 때 그 대가로
받거나 내야 하는 돈을 말해요.

함께 익히기 은행

이자는 은행에 예금을 했을 때는 받을 수 있어요. 반대로 은행에서 돈을 빌렸을 때는 오히려 은행에 이자를 내야 돼요.

인구

국가나 도시 등 어느 지역에 살고 있는 사람의 수를 말해요.

함께 익히기 인구 밀도

아이가 새로 태어나거나, 사람이 죽거나, 다른 곳으로 이사를 하면 인구수가 바뀌지요.
우리나라에서 인구가 가장 많은 도시는 서울특별시예요.

〈우리나라의 인구수〉

내용	명
총 인구수	50,627,347
남성 인구	25,359,936
여성 인구	25,267,411

출처: 행정안전부 (2011년 6월)

우리나라의 인구는 5천만 명이 넘어요. 여자와 남자의 인구수는 거의 비슷해요.

인구 밀도

일정한 땅에 살고 있는 사람의 수를 인구 밀도라고 해요.

함께 익히기 도시 인구

인구 밀도는 보통 1㎢ 안에 살고 있는 사람의 수로 나타내요. 같은 넓이의 땅에 살고 있는 사람 수가 많을수록 인구 밀도가 높아요. 반대로 사람 수가 적을수록 인구 밀도가 낮아요.

인구 밀도가 높은 곳을 살펴보면 교통이 편리하고 시청과 도청 등 공공 기관이 있어요. 그리고 백화점, 영화관 등 편리한 시설이 많고 회사나 공장, 학교 등이 모여 있어요.

농촌에 비해 도시에 사람들이 많이 모여 살고 있어 도시의 인구 밀도가 높아요.

인구분포도

어느 지역의 인구수를 지도에 나타낸 것을 말해요.

함께 익히기 인구

인구분포도를 보면 어느 지역의 인구수를 한눈에 알 수 있어요.
인구분포도는 나이별, 성별, 직업별로도 구분해 그릴 수 있어요.

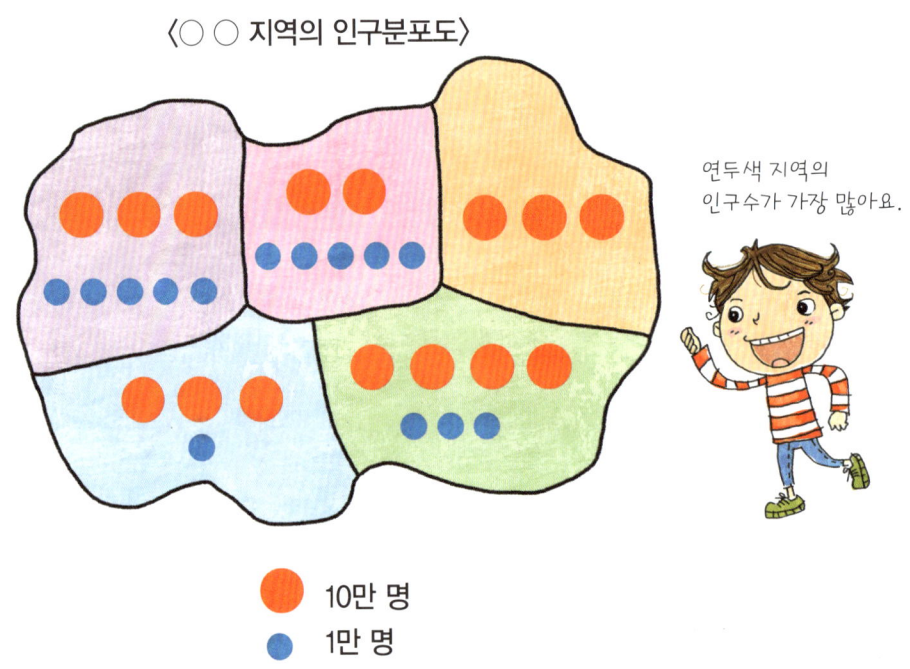

〈○○ 지역의 인구분포도〉

연두색 지역의 인구수가 가장 많아요.

● 10만 명
● 1만 명

임업

산에 나무를 심고 가꾸며 그것을 이용해
여러 가지 이익을 얻는 일을 말해요.

함께 익히기 **산지촌**

임업은 주로 산이 많은 지역에서 발달해요. 나무를 가꾸고 나무에서 얻는 것들로 이익을 얻을 수 있지요. 우리나라는 주로 산이 많은 강원도 지역에서 이루어지고 있어요.

나무와 숲의 이용

가구를 만들거나 집을 지어요.

휴양림을 만들어요.

나무를 함부로 베어 내면 자연이 훼손되므로 잘 가꾸는 것이 중요해요.

나무로 종이를 만들어요.

입양

부모가 없는 아이를 데려와 자식으로 삼는 것을 말해요.

함께 익히기 가족, 결혼식

부모가 없는 아이를 데려와 아들, 딸로 삼는 것을 **입양**이라고 해요. 예전에는 부모가 없는 우리나라의 아이들을 주로 다른 나라로 입양 보냈어요. 하지만 요즘은 우리나라에서도 입양을 하려고 하는 사람들이 점점 늘고 있어요.

마음으로 낳은 아이도 우리의 아들, 딸이에요.

간다
로마버스
있죠
타고

자매결연

어떤 지역이나 단체가 다른 지역이나 단체와
서로 돕고 교류하기로 한 것을 말해요.

자매는 한자어로 언니와 동생을 의미해요. 언니와 동생처럼 친한 관계를 맺는 것을 자매결연이라고 해요. 자매결연을 맺은 지역이나 단체는 서로에게 많은 도움을 주고 있어요.

서울특별시 노원구와 경상북도 의성군이 자매결연을 맺었는데, 노원구는 의성군에서 생산되는 여러 가지 농산물을 널리 알리고 장터를 열어 농산물을 팔도록 했어요. 또 의성군에서는 김장을 담아 노원구의 어려운 사람들에게 전달했다고 해요.

자연재해

지진, 홍수, 가뭄, 태풍, 화산 폭발 등의
자연적인 현상 때문에 입게 되는 피해를 말해요.

함께 익히기 **자연환경**

사람들이 피할 수 없는 여러 가지 자연적인 일로 입게 되는 피해를 **자연재해**라고 해요. 예측하기 어려울 때도 있기 때문에 자연재해의 피해가 클 때가 많아요. 사람들이 자연재해를 막을 수는 없지만 여러 가지 안전 대책을 마련한다면 그 피해를 줄일 수 있어요. 환경을 훼손하지 않는 것이 중요하지요.

자연환경

우리 주변의 자연적인 환경을 말해요.

함께 익히기 **자연재해**

우리 주변을 둘러싸고 있는 산, 강, 논, 밭 등을 **자연환경**이라고 해요. 이처럼 자연적으로 만들어진 환경은 한 번 파괴되면 다시 되돌릴 수 없기 때문에 이를 지키고 보호하기 위해 항상 노력해야 해요.

자원

식량이나 물건을 생산하는 데 필요한 원료를 말해요.

자원은 자연에서 얻어 낸 것으로 식량 자원, 지하자원, 에너지 자원 등이 있어요.

1) 식량 자원
쌀, 생선, 채소와 같이 사람들이 먹을 수 있는 모든 곡식이나 고기를 말해요.

2) 지하자원
석탄, 금, 석유와 같이 땅속에 묻혀 있는 것을 말해요.

3) 에너지 자원
물과 태양열처럼 전기를 만들어 내거나, 석유처럼 자동차를 움직일 수 있게 하는 자원을 말해요.

우리나라는 자원이 부족한 나라예요. 특히 석유는 한 방울도 나지 않기 때문에 아껴 써야 해요.

장례

사람이 죽은 후 치르는 여러 가지 의식을 말해요.

사람이 죽으면 죽은 사람에 대해 슬퍼하며 여러 가지 의식을 치러요. 옛날에는 부모님이 돌아가시면 무덤을 만들고 그 옆에 움막을 짓고 살며 3년 동안 돌보았어요. 오늘날에는 무덤을 만들기도 하지만 죽은 사람을 불에 태운 후 남은 뼈를 단지에 넣어 보관하기도 해요. 이 단지를 보관하는 곳을 납골당이라고 해요.

종교에 따라 장례를 치르는 모습도 달라요.

재산

돈이나 땅, 집, 금, 은 등 돈과 같은 가치가 있는 것을 말해요.

함께 익히기 과소비, 은행

사람들이 가지고 있는 돈, 땅, 집, 금, 은 등을 **재산**이라고 해요. 재산이 많을수록 부자라고 하지요. 사람들은 열심히 일을 해 점점 재산을 늘리려고 해요. 재산의 가장 대표적인 것은 돈으로 '현금'이라고도 해요.

재산이 많다고 함부로 쓰면 안 돼요. 재산이 많을수록 낭비하지 않고, 어려운 사람을 위해 쓴다면 더 좋겠지요.

저축

벌어들인 돈을 모아 놓는 것을 말해요.

함께 익히기 과소비, 이자

열심히 일을 해서 번 돈을 절약해 모아 놓는 것을 **저축**이라고 해요. 저축을 하면 갑작스러운 사고에 대비할 수 있고, 갑자기 많은 돈이 필요할 때 쓸 수 있어요. 또 나이가 들어 노인이 되었을 때의 생활을 준비할 수 있어요.

특히 은행에 저축을 하면 안전하게 돈을 보관할 수 있을 뿐 아니라, 이자가 붙어 돈을 늘릴 수도 있어요. 또 저축한 돈을 기업에 빌려 주어 경제 발전에 도움이 된답니다.

저축을 많이 할수록 부자가 될 수 있어요.

저 출산

아이를 적게 낳는 것을 말해요.

우리나라 사람들은 점점 아이를 적게 낳고 있어요. 이렇게 아이를 적게 낳는 것을 **저 출산**이라고 해요.
직장에 다니는 여성이 늘어나면서 결혼을 늦게 하거나, 결혼을 하지 않는 여성들이 늘어나고 있어요. 결혼을 늦게 하면서 아이를 적게 낳거나, 낳지 않는 경우가 많아졌고요. 또한 아이를 키우고 교육하는 데 많은 돈이 들면서 아이를 낳지 않는 경우도 생기고 있어요.

프랑스는 아이를 낳은 엄마가 직장에 계속 다닐 경우에 3년간 아이를 키우는 데 필요한 돈을 나라에서 준다고 해요.

아이는 하나만 낳아 잘 길러요.

전통

옛날부터 전해 내려오는 행동, 생각, 생활, 놀이 등을 말해요.

함께 익히기 문화유산, 문화재

전통이란 옛날 우리 조상들이 이루어 낸 것 중 지금까지 전해 내려오는 것을 말해요.
그러나 지금까지 전해 내려오는 모든 것이 전통이 되는 것은 아니에요. 후손들에게 전해 줄 가치가 있는 훌륭한 것만을 전통이라고 해요.

옷, 음식, 집 외에 전통 놀이, 전통 의례 등도 있어요.

정보화

통신 기술이 발달하여 어떤 소식이나 사실을
빠르고 쉽게 얻을 수 있게 되는 것을 말해요.

함께 익히기 **통신 수단**

우리가 살고 있는 사회를 정보화 사회라고 해요. 이는 신문, 라디오, 텔레비전, 인터넷 등을 통해 새로운 소식이나 사실을 쉽게 알 수 있는 사회라는 뜻이에요. 정보화 사회가 되면서 우리 사회에는 많은 변화가 일어났어요.
정보화로 인해 생활이 편리해졌지만 좋은 점만 있는 건 아니에요. 주민등록번호나 전화번호, 이름이나 주소 등 개인 정보가 유출되어 다른 사람들이 악용할 수도 있어요.

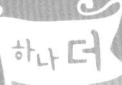

정보화 사회의 장점

① 영화표나 기차표를 인터넷으로 살 수 있어요.
② 은행에 가지 않고 집에서도 돈을 보낼 수 있어요.
③ 다른 나라에서 열리는 월드컵 경기를 바로 볼 수 있어요.
④ 내비게이션을 이용해 길을 쉽게 찾을 수 있어요.
⑤ 휴대 전화를 이용해 사진을 찍거나 영화를 볼 수 있어요.

정월 대보름

새해 첫 보름날로 음력 1월 15일을 말해요. '대보름'이라고도 해요.

정월은 1월, 보름은 15일이에요. 정월 대보름은 새해 첫 보름을 말해요. 이날은 일 년 중 달이 가장 크게 뜨는 날로, 보름달을 보며 소원을 빌고 새해의 운수를 점쳤어요. 보름달이 밝으면 그해 농사가 잘 되고, 흐리면 농사가 안 된다고 해요.

정월 대보름

① **오곡밥 먹기** : 콩, 팥, 찹쌀, 수수, 기장의 다섯 가지 곡식을 넣어 밥을 지어 먹었어요.
② **부럼 깨기** : 밤, 땅콩, 호두, 잣 등 껍질이 단단한 과일을 부럼이라고 하는데, 부럼을 깨물어 먹으면 부스럼이 생기지 않는다고 해요.
③ **밤 지새우기** : 대보름날 잠을 자면 눈썹이 하얗게 된다는 이야기가 전해져 가족들 모두 잠을 자지 않고 밤을 샜어요.
④ **더위 팔기** : 대보름날 해 뜨기 전에 더위를 팔면 그해 여름 더위를 이길 수 있다고 해요.
⑤ **달집 태우기** : 소나무 가지를 쌓아 만든 달집을 태우며 그해 농사가 잘 되길 빌었어요.

제례

조상이 돌아가신 전날 지내는 의식을 제례라고 해요.

함께 익히기 장례

제례는 조상이 돌아가신 전날 여러 가지 음식을 차려 놓고 지내는 의식으로 '제사'라고도 해요. 온 가족이 모여 조상이 살았던 모습, 생각 등을 떠올려 보는 날이기도 해요.
오늘날에는 제사에 대한 생각이 달라지면서 간소화되기도 하고, 종교에 따라 제사를 지내지 않고 기도를 드리는 가족도 늘었어요.

설날과 추석날 아침에도 조상들께 제사를 지내는데 이것을 '차례'라고 해요.

제조업

재료를 이용해 한꺼번에 많은 물건을 만드는 일을 말해요.

함께 익히기 공업

제조업은 원래의 재료를 이용해 새로운 물건을 만들어 내는 일을 말해요. 자동차, 전자제품, 시멘트, 통조림, 신발, 옷 만드는 일 등이 모두 제조업이에요.

자동차 제조 — 철 → 자동차

통조림 제조 — 복숭아 → 복숭아 통조림

신발 제조 — 가죽 → 구두

주생활

살고 있는 집과 관련된 생활을 말해요.

함께 익히기 **식생활**

사람들이 살고 있는 집과 관련된 생활을 **주생활**이라고 해요.
집은 옷, 음식과 함께 사람들이 살아가는 데 없어서는 안 되는 꼭 필요한 것이에요.

〈집의 변화 모습〉

동굴 → 움집 → 초가집 → 기와집 → 주택 → 아파트

맨 처음에는 동굴에 살면서 짐승의 공격이나 비바람을 피했어요.

요즘은 대부분 주택이나 아파트에서 살아요.

165

주소

어떤 곳의 위치를 나타내는 것을 말해요.

함께 익히기 위치

주소는 어떤 곳의 위치를 나타낸 것이에요. 주소를 알면 쉽게 찾아갈 수 있고, 다른 사람들에게 건물의 위치를 알려 주기도 편리해요.
또 주소를 알아야 우편물을 배달할 수 있고, 내비게이션을 이용할 때도 주소를 검색해서 목적지까지 찾아갈 수 있어요.

주소를 나타내는 방법

시·도 / 시·군·구 / 구·읍·면 / 도로명

(예) 경기도 파주시 회동길 366

지구본

지구 모양을 작게 만든 것이에요.

함께 익히기 지구촌, 지도

지구본은 지구 모양을 작게 만들어 놓은 것으로 '지구의'라고도 해요.
실제 지구와 거의 비슷한 모양으로 나라의 위치를 정확히 알 수 있어요.

지구본은 실제 지구의 모습과 똑같아요.

세계 지도는 둥그런 지구를 평평하게 펼쳐 놓은 것으로 한눈에 세계를 볼 수 있어요.

지구촌

지구 전체를 한마을처럼 생각해 부르는 말이에요.

함께 익히기 교통, 통신 수단

지구에는 피부가 다른 사람, 사용하는 말이 다른 사람, 종교가 다른 사람들이 서로 영향을 주고받으며 함께 어울려 살아가고 있어요.

교통과 통신이 발달하면서 멀리 있는 나라도 빠른 시간 안에 갈 수 있게 되었고, 먼 곳의 소식도 쉽게 알 수 있게 되었지요. 그러면서 넓은 세계가 하나의 마을처럼 가까워졌다는 의미로 **지구촌**이라는 말을 사용하게 되었어요.

지도

땅 위에 있는 것들을 일정하게 줄여 기호로 나타낸 것을 말해요.

함께 익히기 그림지도, 기호

산, 들, 강, 집, 도로, 논, 밭 등 땅 위에 있는 것들을 일정하게 줄여 약속된 기호를 써서 나타낸 것을 **지도**라고 해요. 지도를 보면 각 지역의 모습을 알 수 있어요.

세계 지도

세계 지도는 세계 여러 나라의 이름과 위치, 지형 등을 알려 주지요.

지방 자치

고장의 일을 그 지역에 살고 있는 사람들이
스스로 알아서 하는 것을 말해요.

함께 익히기 고장, 지방 자치 단체

지방 자치는 고장 사람들이 고장의 일을 스스로 알아서 하는 것으로 '지방 자치제', '자치 제도'라고도 해요. 이렇게 지방 자치를 하면 고장의 일을 가장 잘 알고 있는 사람들이 함께 의견을 모아 문제를 해결할 수 있지요.

실제로 모든 고장 사람들이 지역의 일에 참여할 수는 없어요. 그래서 주민이 뽑은 대표가 고장의 살림살이를 맡아서 하게 돼요.

살기 좋은 ○○구를 만들기 위해 ○○구민들이 함께 노력해요.

우리 △△구는 △△구 주민의 의견에 따라 살림을 해요.

지방 자치 단체

자기 고장의 살림살이를 맡아서 하는 공공 단체를 말해요.

함께 익히기 공공시설, 지방 의회

특별시, 광역시, 도, 시, 군, 구와 같이 고장의 살림살이를 맡아하는 곳을 지방 자치 단체라고 해요. **지방 자치 단체**의 기관으로는 주민이 뽑은 단체장이 있는 시·도청과 지방 의회인 시·도 의회가 있어요.

지방 자치 단체가 하는 일
① 상·하수도를 정비해요.
② 문화 회관과 박물관을 운영해요.
③ 도로, 철로, 다리 등을 건설해요.

지방 자치 단체는 이외에도 외국인이 그 지역에 공장을 세우는 것을 허락하거나, 고장의 특산물을 널리 알리기도 해요. 또 지역 축제를 열기도 하지요.

지방 의회

지방 자치 단체의 중요한 일을 의논하여 결정하는 기관이에요.

함께 익히기 지방 자치 단체

지방 의회는 고장의 주민들이 뽑은 의원들로 이루어져요. 지방 의회인 시·도 의회는 시·도청에서 하는 중요한 일을 의논해 결정해요.

지방 자치 단체인 시·도청과 시·도 의회는 서로 도와 가며 고장의 살림살이를 맡아서 해요. 하지만 두 단체가 하는 역할에는 차이가 있어요.

〈시·도청〉
도서관을 세우기 위한 기획안과 필요한 돈의 예산안을 내놓습니다.

의견 내기
결정하기

〈시·도 의회〉
시·도청에서 내놓은 의견에 대해 의논하고 결정합니다.

두 단체는 모두
살기 좋은 고장을
만들기 위해
항상 노력하고 있어요.

지역

다른 곳과 구별되는 공간을 말해요.

함께 익히기 고장

우리가 살아가고 있는 공간을 **지역**이라고 해요. 그런데 지역은 기준에 따라 달라질 수 있어요. 시, 군, 구, 읍, 면, 동, 그리고 국가, 대륙 등 다양한 기준으로 지역을 구분할 수 있어요. 환경에 따라 농·어촌 지역, 도시 지역 등으로도 구분할 수도 있지요.

지형

땅의 생긴 모습을 말해요.

땅의 높고 낮음, 가파르고, 완만함 등 땅의 모습을 **지형**이라고 해요. 산, 강, 평야, 바다 등이 지형을 이루고 있어요. 지형은 지역 사람들이 하는 일과 생활 모습에 많은 영향을 주지요.

지형에 따라 땅을 이용하는 모습도 달라요. 산이 많은 지형은 스키장이나 삼림욕장 등으로 이용하고, 강과 평야가 발달한 지형은 논이나 밭으로 이용하지요. 그리고 바다가 있는 지형은 양식장이나 갯벌 등으로 이용해요.

바다가 있는 지역에 사는 사람들은 대부분 어업이나 양식업을 해요.

직거래

팔 사람과 살 사람이 물건을 직접 사고파는 것을 말해요.

함께 익히기 농산물 직거래, 유통

중간 상인 없이 물건을 직접 사고파는 것을 **직거래**라고 하는데, 직거래 장터나 인터넷에서 많이 이루어지고 있어요.
직거래 장터를 이용하면 사는 사람은 물건을 싼 값에 살 수 있고, 파는 사람은 제 값을 받고 물건을 팔 수 있어요. 그 이유는 중간 상인이 없기 때문이에요.

직접 선거

투표할 수 있는 자격이 있는 사람이 직접 투표하는 것을 말해요.

함께 익히기 선거, 보통 선거, 비밀 선거, 투표

자기가 직접 투표하는 것을 말해요. 선거하는 날 여러 가지 사정으로 투표할 수 없어도 다른 사람이 대신 투표해 줄 수 없어요.

감기 때문에 몸이 아파서 그러는데, 네가 나대신 투표하고 오렴.

할머니 학교에서 배웠는데, 투표는 직접 해야 한대요.

ㄱㄴㄷ
ㄹㅁㅂㅅ
ㅇㅈㅊㅋ
ㅌㅍㅎ

촌락

사람들이 비슷한 일을 하며 살고 있는 마을이에요.

함께 익히기 농촌, 어촌, 산지촌

촌락은 '시골에 있는 작은 마을'이라는 뜻을 가지고 있어요. 촌락마다 자연환경, 하는 일, 생활 모습이 모두 달라요.

농촌 지역에는 평야가 많아요. 이곳 사람들은 주로 농사를 지어요.

어촌 지역에는 주로 고기잡이를 하거나, 김, 조개, 미역 등을 길러요.

산지촌 지역은 산이 많아요. 이곳 사람들은 약초, 버섯 등을 기르거나, 목장에서 가축을 길러요.

촌락의 모습

촌락 문제

촌락에서 나타나는 여러 가지 문제를 말해요.

함께 익히기 귀농, 촌락

농촌, 어촌, 산지촌 등 촌락에서 나타나는 여러 가지 문제를 **촌락 문제**라고 해요. 촌락은 젊은 사람들이 도시로 빠져 나가면서 여러 가지 문제가 생겨났어요.

하나 더

촌락의 문제

① 젊은 사람들이 부족해 일할 사람이 없어요.
② 아이들이 없어 문을 닫는 학교가 늘고 있어요.
③ 교통이 불편해요.
④ 병원, 영화관, 백화점 등 생활을 편리하게 해 주는 시설이 부족해요.
⑤ 농약과 비료를 많이 사용해 물과 땅의 오염이 심해요.

노인들만 살고 있는 마을이 점점 늘고 있어요.

추석

우리나라의 대표적인 명절로 음력 8월 15일이에요.

함께 익히기 명절

추석은 설과 함께 우리나라의 대표적인 명절로 한가위, 가배, 중추절이라고도 해요.

한 해 농사를 끝내고 곡식을 거두어들이는 때라 먹을 것이 많아요. 특히 추석에는 송편을 빚고, 햇곡식과 햇과일로 음식을 장만해 조상들께 차례를 지내요. 성묘도 가지요. 또 둥근 보름달을 보고 소원을 빌기도 하고, 강강술래·씨름·줄다리기 등 여러 가지 놀이도 즐겨요.

이처럼 모든 것이 풍성한 추석에는 사람들의 마음도 넉넉해져 '일 년 내내 더도 말고 덜도 말고 한가위만 같아라.'라는 말이 생겼어요.

축산업

가축을 기르거나 가축을 이용해 사람들에게
필요한 것을 만드는 일이에요.

함께 익히기 농업, 산지촌

축산업은 소, 돼지, 닭 등의 가축을 기르는 일이에요. 또한 우유를 짜는 일, 달걀을 생산하는 일, 양의 털을 얻는 일처럼 가축을 이용해 사람들에게 필요한 것을 만들어 내는 것도 모두 축산업이에요.

신선한 우유를
전달하기 위해
목장은 도시 주변이나,
교통이 편리한 곳에 있어요.

축척

지도에 실제 거리를 줄여서 나타낼 때 줄인 정도를 말해요.

함께 익히기 지도

지도에서는 실제 거리를 나타낼 수 없기 때문에 줄여서 나타내야 해요. 이때 실제 거리를 지도에 줄여서 나타낸 비율을 **축척**이라고 해요.
이렇게 축척을 이용하면 우리나라도 한 장의 종이에 나타낼 수 있어요. 지도가 어떤 것은 크고 어떤 것은 작은데, 그 이유는 축척이 다르기 때문이에요.

학교에서 병원까지의 실제 거리는 500m예요. 이것을 실제 거리대로 그린다면 500m 길이의 종이가 필요하겠죠?

학교에서 병원까지의 실제 거리는 500m(50,000cm)예요. 그런데 지도에 1cm로 줄여서 나타냈다면, 이 지도의 축척은 1:50,000이에요. $\frac{1}{50,000}$로도 나타내요.

가나다
라마바사
아자차카
타파하

태풍

폭풍이 불고 비를 내리게 하는 자연재해를 말해요.

함께 익히기 **자연재해**

여름에 가장 두려운 자연재해 중 하나가 바로 **태풍**이지요. 많은 양의 비를 내리고 거센 바람까지 불면서 큰 피해를 남기거든요. 태풍은 주로 북태평양 서쪽에서 발생해요. 태풍마다 각각 이름이 달라요. 고니, 너구리, 메기 등 우리나라에서 지은 이름도 있어요. 주로 해안가 지역이 태풍 피해를 많이 입어요.

태풍

통계표

어떤 내용을 조사한 수를 표에 나타낸 거예요.

함께 익히기 농업, 어업, 임업, 제조업, 사무업

고장 사람들의 직업 등을 조사하여 표에 나타낸 것을 **통계표**라고 해요. 이러한 통계표를 보면 그 지역의 특징을 알 수 있어요. 아래 통계표를 보면 이 지역에는 공장에서 물건을 만드는 일(제조업)을 하는 사람들이 많다는 것을 알 수 있어요.

〈우리 고장 사람들의 직업〉

직업	농업	어업	임업	제조업	사무업	판매업	합계
사람 수	1명	0명	0명	25명	9명	10명	45명

이것은 우리 고장 사람들의 직업을 조사한 통계표예요.

통신 수단

소식을 전하는 데 사용되는 것을 말해요.

함께 익히기 정보화

소식을 전하는 데 사용되는 편지, 전화, 인터넷 등을 **통신 수단**이라고 해요.
통신 수단은 과학 기술이 발달하면서 점점 변해 왔어요.
옛날에는 소식을 전하기 위해서 사람이 직접 뛰어가거나 말을 타고 갔어요.
나라에 위급한 일이 있을 때에는 불이나 연기를 피워 소식을 알렸어요.
오늘날에는 과학 기술의 발달로 이동 전화나 인터넷 통신 같은 새로운 통신 수단이 등장해 소식을 빠르게 전달할 수 있게 되었어요.

통신 수단의 발달로 먼 나라의 소식도 바로 알 수 있게 되었어요.

투표

선거를 하거나 어떤 일을 결정할 때
자신의 생각을 표시하여 내는 것을 말해요.

함께 익히기 선거

투표는 선거를 할 때 자신이 뽑으려고 하는 사람을 투표할 종이에 적어 내는 일이에요.
어떤 일에 대해 찬성 또는 반대의 의견을 적어 내는 것도 투표라고 해요. 요즘에는 컴퓨터를 이용해 전자 투표를 하기도 해요.

투표 과정

1. 선거인 명부에서 자신의 이름을 확인해요.
2. 투표할 종이를 받아요.
3. 기표소에 들어가 자신이 뽑을 사람을 표시해요.
4. 투표한 종이를 잘 접어 투표함에 넣어요.

선거인 명부에는 투표에 참여할 자격이 있는 사람의 이름이 적혀 있어요.

특산물

어떤 지역에서 특별히 나는 생산물을 말해요.

함께 익히기 기후, 자연환경, 지역

특산물은 어떤 지역에서 특별히 생산되는 것이에요. 각 지역의 자연환경과 기후가 다르기 때문에 생산되는 특산물도 달라요.

〈우리나라 각 지역의 특산물〉

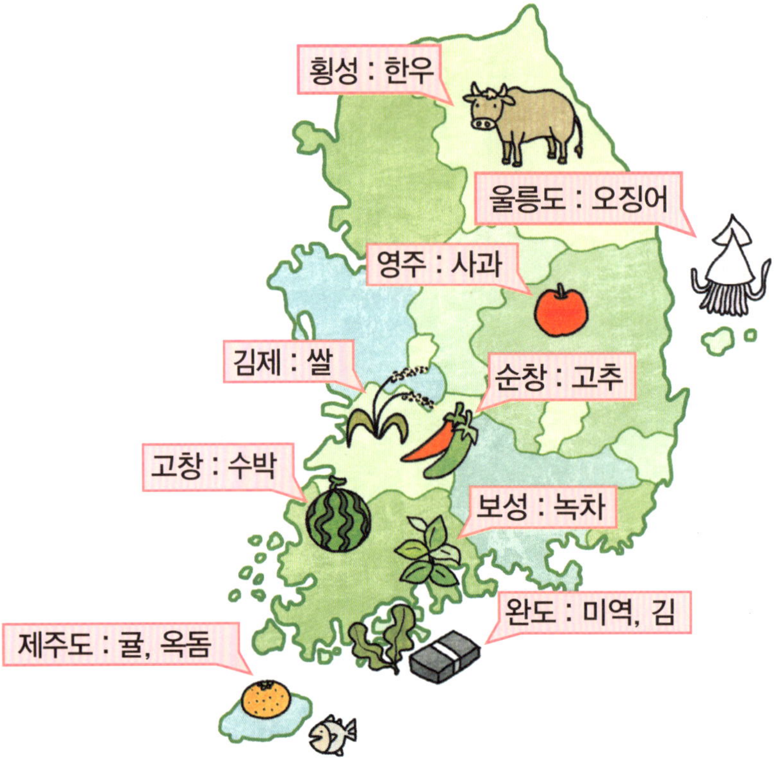

- 횡성 : 한우
- 울릉도 : 오징어
- 영주 : 사과
- 김제 : 쌀
- 순창 : 고추
- 고창 : 수박
- 보성 : 녹차
- 완도 : 미역, 김
- 제주도 : 귤, 옥돔

지구가 점점 따뜻해지면서 각 지역의 특산물이 바뀌기도 해요. 제주도에서만 나던 귤이 이제 다른 지역에서도 생산되기도 하지요.

가나다
라마바사
아자차카
타파하

편견

공정하지 않고 한쪽으로 치우친 생각을 말해요.

우리는 자신도 모르는 사이 공정하지 못한 생각을 하곤 해요. '잘사는 나라 사람들은 모두 친절하다. 못사는 나라 사람들은 친절하지 않다.' 등이 그러하지요. 사실은 그렇지 않은데 일부만 보고 그럴 것이라고 생각하는 것은 옳지 않아요. 이러한 편견은 우리 사회를 병들게 해요.

모든 사람들이 어떤 조건이나 상황에서도 최선을 다해 노력하면 좋은 결과를 얻을 수 있는 사회가 되어야 해요. 그러기 위해 편견 없는 사회를 만들어야 하지요.

평등 선거

재산이나 신분, 교육 정도에 상관없이
누구나 한 표의 투표권을 행사하는 선거예요.

함께 익히기 선거

민주주의 국가에서는 대부분 평등 선거를 하고 있어요. 과거에는 재산이 많거나 신분이 높으면 더 많은 투표권을 가질 수 있었지요. 이런 선거를 차등 선거라고 해요. 오늘날은 차등 선거는 없어지고 1인 1표를 행사하는 평등 선거를 하고 있어요.

평야

평평하고 넓은 들판이에요.

함께 익히기 **농촌, 도시**

평야 지역에 사는 사람들은 대부분 논농사를 짓고 살아요. 땅이 기름지고, 주변에 강이 있어 물을 쉽게 구할 수 있기 때문이에요. 뿐만 아니라 비닐하우스를 이용해 꽃이나 약초 등을 기르기도 해요. 또한 평야 지역에는 도시들이 발달해 있는데, 교통이 편리해 사람들이 점점 모여들면서 도시가 만들어지게 된 거예요.

ㄱㄴㄷ
ㄹㅁㅂㅅ
ㅇㅈㅊㅋ
ㅌㅍㅎ

한식

양력 4월 5일 즈음으로 조상들의 산소를 돌보고
제사를 지내는 날이에요.

함께 익히기 단오, 명절, 추석

한식에는 주로 조상들의 산소를 돌보는 일을 해요. 자란 풀을 깎아 주거나 잔디를 새로 입히지요. 이날은 한 해의 농사를 시작하는 날이기도 해요.
한식에는 보통 비가 오지 않아 날씨가 건조해서 불이 나기 쉬운 때였기 때문에 우리 조상들은 불을 피우지 않고 찬 음식을 먹었어요.
한식은 설, 추석, 단오와 함께 우리나라 4대 명절 중 하나이지요.

한옥

우리 조상들이 살았던 집이에요.

함께 익히기 자연환경, 전통

한옥은 옛날부터 조상들이 살았던 우리나라 전통 집으로, 주로 나무와 흙을 이용해서 지었어요. 한옥은 지붕의 재료에 따라 초가집과 기와집으로 나뉘어요. 우리 조상들은 집을 지을 때 자연환경을 생각해서 지었어요. 집 뒤에는 산이 있어 차가운 바람을 막아 주도록 했고, 방향은 남쪽을 향하게 해서 햇볕이 잘 들게 했어요.

한옥의 장점

① 한옥은 온돌과 마루가 있어 겨울에는 따뜻하고 여름에는 시원해요.
② 한지를 이용해 문을 만들어 바람이 잘 통해요.
③ 흙으로 지은 집이라 건강에도 좋아요.

기와집에서는 주로 신분이 높은 사람들이 살았어요.

핵가족

부모와 결혼하지 않은 자녀로만 이루어진 가족을 말해요.

함께 익히기 **확대 가족**

핵가족은 부모와 결혼하지 않은 자녀로 이루어진 가족을 말해요. 도시로 사람들이 모여들면서 요즘에는 핵가족인 가정이 늘었어요.
이처럼 핵가족인 가정에서는 각자의 생활이 인정되고, 여자들의 지위도 높은 편이에요. 하지만 핵가족이 늘어나면서 여러 가지 문제점도 나타났어요. 부부가 모두 일을 하는 경우 아이를 돌보아 줄 사람이 없는 집이 많아졌지요. 아이들이 어른에 대한 예절을 배우지 못하는 경우도 있어요. 또 노인들끼리만 사는 집이 점점 늘어나고 있지요.

행정 구역

나라를 다스리기 위해 정해 놓은 지역이에요.

나라를 다스리기 위해 정해 놓은 지역을 **행정 구역**이라고 해요.
남한은 1개 특별시, 6개 광역시, 9개 도로 나뉘어져 있어요. 특별시, 광역시, 도, 시, 군, 읍, 면, 동, 리와 같이 그 크기와 인구수에 따라 이름을 붙이지요.

우리나라의 행정 구역

특별시 – 서울

광역시 – 인천, 부산, 대구, 울산, 광주, 대전

   도 – 경기도, 강원도, 충청북도, 충청남도, 전라북도, 전라남도, 경상북도, 경상남도, 제주도

화폐

물건을 사거나 물건의 가치를 나타낼 수 있는 것을 말해요.

화폐는 물건을 사거나 물건의 가격, 가치를 나타낼 수 있는 것으로 '돈', '금전'이라고도 해요. 화폐에는 동전, 종이 돈, 수표 등이 있어요. 요즘에는 신용 카드, 전자 화폐 카드가 돈과 같이 쓰이고 있어요.

돈으로 할 수 있는 일

❶ 물건을 살 수 있어요. 돈으로 자신에게 필요한 물건을 얻을 수 있어요.

❷ 물건의 가치를 잴 수 있어요. 만 원으로는 양말 3켤레, 책 1권, 노트 10권을 살 수 있어요.

❸ 돈을 내거나 값을 치를 수 있어요. 나라에 세금을 내거나, 빌린 돈을 갚을 수 있어요.

❹ 돈을 모아 둘 수 있어요. 돈을 집에 모아 두거나 은행에 저축해 재산을 늘릴 수 있어요.

확대 가족

부모와 결혼한 자녀가 함께 사는 가족을 말해요.

함께 익히기 **핵가족**

확대 가족은 자녀가 결혼한 이후에도 따로 나가 살지 않고 부모와 함께 사는 가족을 말해요. 부모, 결혼한 자녀, 그리고 결혼한 자녀가 낳은 아이들이 함께 살지요.

농사를 지으며 살았던 옛날에는 대부분 확대 가족이었어요. 한 집에 할아버지, 할머니, 아버지, 어머니, 아들, 딸이 함께 살았거든요.

이러한 확대 가족의 장점은 아이를 돌보아 줄 사람이 있다는 것과 노인 문제를 걱정할 필요가 없다는 거예요. 또한 할아버지, 할머니와 함께 살면서 아이들이 자연스럽게 예절을 배울 수 있어요.

환경오염

우리를 둘러싸고 있는 자연이 파괴되고 더러워지는 것을 말해요.

환경오염이란 사람들이 자연을 함부로 개발하면서 자연이 파괴되는 것을 말해요. 자동차 매연이나 공장에서 나오는 연기 등으로 공기가 오염되는 것, 농약이나 세제 등으로 물과 땅이 오염되는 것도 모두 환경오염이에요. 이처럼 환경이 오염되면 그 피해는 다시 우리에게 돌아와요. 공기가 오염되면 여러 가지 질병이 생기게 되지요. 물이 더러워지면 물고기들이 살 수 없을 뿐 아니라 우리도 더러운 물을 먹게 돼요. 땅이 오염되면 농작물이 잘 자라지 못해요.

지구가 병들고 있어요.

신나는
사회 교실
뽐내는
사회 실력

우리나라의 명절

해마다 일정하게 기념하며 즐기는 날로, 우리나라의 대표적인 명절은 설날, 대보름날, 단오, 추석, 동지 등이 있어요.

설날은 음력 1월 1일로 새해를 시작하는 날이에요. 세배도 하고 서로 덕담을 나누며 한 해를 잘 보내기를 바라는 날이지요. 설날에는 떡국을 끓여 먹어요.

대보름날은 음력 1월 15일로 부럼을 깨 먹으면 부스럼이 없어진다는 말이 있어서 함께 부럼을 깨고, 나물과 오곡밥을 해서 먹었어요.

단오는 음력 5월 5일로 수릿날이라고도 해요. 여자들은 나쁜 귀신을 쫓는다는 뜻에서 창포물로 머리를 감았어요. 수리취떡과 쑥떡을 먹었고, 그네뛰기, 씨름, 탈춤 등을 즐겼어요.

추석은 음력 8월 15일로 설날 다음으로 큰 명절이지요. 새로 추수한 곡식과 햇과일로 음식을 장만하고 차례를 지냈어요. 중추절 또는 한가위라고도 하지요. 강강술래나 소싸움, 거북놀이 등을 했어요. 풍년을 축하하는 날이에요.

동지는 음력으로 11월 중순쯤으로 밤이 가장 긴 날이에요. 붉은 팥으로 죽을 쑤어 먹으면 귀신을 쫓는다고 해서 팥죽을 먹고, 벽이나 문짝에 뿌리기도 했대요.

우리나라의 민속놀이

우리나라 사람들은 옛날부터 춤과 노래를 즐겼다고 해요. 한 해 농사를 끝내고 하늘에 감사 제사를 지내거나, 마을에 좋은 일이 있을 때에는 함께 모여 여러 가지 놀이를 하며 즐겁게 보냈어요.

민속 놀이는 아주 오랜 옛날부터 사람들에게 전해 내려오는 놀이로 주로 농사와 관련된 놀이가 많고, 계절에 따라 즐기는 놀이가 달랐어요. 또한 남자와 여자, 어른과 아이가 즐기는 놀이가 달랐어요.

연날리기

연날리기는 새해 초에 여러 가지 모양의 연을 만들어 하늘 높이 띄우는 놀이예요. 보통 연줄을 끊어 연을 멀리 날려 보냈는데, 좋지 않은 일을 멀리 날려 보내려는 마음이 담겨 있어요.

널뛰기

널뛰기는 설날이나 단오에 여자들이 즐기던 민속놀이예요. 긴 널빤지 가운데 아래에 가마니나 짚을 괴어 놓고, 양쪽 끝에 한 사람씩 올라선 다음 구르면서 높이 뛰어오르는 놀이예요.
옛날에는 여자들이 함부로 집 밖에 나갈 수 없었기 때문에 널뛰기를 하며 담장 밖의 세상을 구경했다고 해요.

농악 놀이

농악 놀이는 풍물놀이라고도 해요. 한 해 농사를 마치고 감사를 드릴 때 주로 하던 놀이예요. 또한 마을 제사를 지낼 때, 모내기를 할 때에도 농악 놀이를 했어요. 꽹과리, 징, 장구, 북, 나발, 소고 등의 악기를 가지고 하는 놀이예요.

줄다리기

줄다리기는 대보름날 하던 놀이로 마을 사람들의 협동심을 높이는 놀이예요. 짚을 꼬아 만든 두꺼운 긴 줄을 가지고, 한마을 사람들이 두 편으로 나누어 줄다리기를 했어요.
줄다리기의 줄은 암줄과 수줄로 나누어져 있는데, 암줄이 이겨야 그해 풍년이 든다고 믿었어요.

강강술래

추석에 밤이 되면 여자들이 손에 손을 잡고 둥그렇게 원을 만들어 빙글빙글 돌면서, '강강술래'라는 후렴구가 붙은 노래를 불렀어요. 임진왜란 때 이순신 장군이 왜군에게 우리 병사들의 숫자가 많은 것처럼 보이게 하려고 동네 여자들을 모아 강강술래를 하게 했대요. 왜군은 병사들의 수가 많은 것으로 보고 깜짝 놀라 물러갔다고 해요.

고싸움놀이

고싸움놀이는 주로 음력 1월에 하는 놀이로 마을 사람들의 협동심을 높이는 놀이예요. 볏짚과 커다란 통나무 등으로 만든 고를 부딪쳐 상대편 고가 먼저 땅에 닿으면 이기는 놀이예요. 주로 힘센 청년들이 참여했어요.

씨름

씨름은 주로 단오에 남자들이 하던 놀이예요. 모래판 위에서 두 사람이 샅바를 잡고 힘을 겨루는 것으로, 몸이 먼저 땅에 닿은 사람이 지는 놀이예요. 우승한 사람은 황소를 상으로 받았어요.

세계 여러 나라의 명절

우리나라에 설이나 추석과 같이 대표적인 명절이 있는 것처럼 다른 나라에도 명절이 있을까요? 세계의 대표적인 명절인 중국의 춘절, 일본의 오쇼가쯔, 필리핀의 만성절, 미국의 추수감사절에 대해 알아봐요.

중국의 춘절

중국의 춘절은 음력 1월 1일이에요. 중국의 가장 큰 명절이지요. 이날은 우리나라의 설처럼 가정이 화목하고 행복하길 빌어요. 춘절이 가까워 오면 중국은 떠들썩하지요. 많은 사람들이 고향을 찾아 이동하기 때문이에요. 고향을 찾은 중국인들은 제사를 지내고 세배를 드려요. 또 온 가족이 모여 만두를 빚어 먹어요. 붉은색을 가장 좋아하는 중국 사람들은 붉은색 등을 집집마다 걸어 뒀어요. 폭죽놀이도 했지요. 이렇게 하면 나쁜 귀신을 쫓는다고 믿었지요.

일본의 오쇼가쯔

일본의 오쇼가쯔는 1월 1일이에요. 일본의 최대 명절로 집집마다 조상신에게 새해에 좋은 일만 생기게 해 달라고 빌어요. 일본 전통 옷인 기모노를 입어요. 일본식 떡국인 '오조니'와 계란말이, 다시마, 밤 조림 등 여러 가지 음식으로 만든 '오세치'를 먹어요.

필리핀의 만성절

필리핀의 만성절은 11월 1일이에요. 카톨릭을 믿는 나라인 필리핀은 만성절에 훌륭한 성인들을 생각하며 보내지요. 필리핀뿐만 아니라 카톨릭을 믿는 나라에서는 만성절이 중요한 명절이에요. 필리핀 사람들은 만성절이 되면 고향을 찾아 조상들의 묘를 깨끗이 청소하고, 기도하며 죽은 사람들을 기억해요. 밤새 묘지에 촛불을 켜 놓기도 해요. 또 바비큐 요리를 먹고 연날리기를 한다고 해요.

미국의 추수감사절

미국의 추수감사절은 11월 마지막 목요일이에요.
미국에서는 크리스마스 다음으로 큰 명절이지요. 한 해 농사가 잘 되었음을 하느님께 감사 드리는 날로 온 가족이 모여 칠면조 요리, 호박파이 등을 먹으면서 편안한 하루를 보내요. 도시의 거리에서는 장난감 행진과 고등학교 밴드부들의 행진이 펼쳐져요.

우리 고장의 행사

우리가 살고 있는 고장에서는 여러 가지 행사가 열려요.
고장에서 열리는 행사를 통해 그 고장의 자연환경과 옛날 모습, 옛날에 있었던 일 등을 알 수 있어요.

무주 반딧불이 축제

전라북도 무주는 깨끗한 환경에서만 산다는 반딧불이가 많아요. 이곳에서는 매년 무주 반딧불이 축제가 열려요. 환경 보존의 중요성과 동·식물 보호의 중요성을 널리 알리기 위한 환경 축제이지요. 이 축제에는 농촌과 전통 문화를 체험할 수 있는 여러 가지 프로그램이 마련되어 있어요.

태백산 눈 축제

강원도 태백은 겨울에 눈이 많이 오는 곳이에요.
이곳에서는 매년 겨울이 되면 눈 축제가 열려요. 눈 조각 전시회, 눈싸움 대회, 눈 조각 경연 대회 등 여러 가지 행사를 하지요.

남원 춘향제
전라북도 남원의 광한루는 성춘향과 이몽룡의 사랑 이야기가 전해 오는 곳이에요.
이곳에서는 매년 춘향제가 열리는데, 춘향 선발 대회, 민속 씨름 대회, 전통 활쏘기 대회 등을 해요.

광주 남한산성 문화제
경기도 광주의 남한산성은 우리나라의 대표적인 산성이에요.
이곳에서는 매년 남한산성 문화제가 열려요. 수어사 거리 행진, 산성 무용제, 농악 공연 등 여러 가지 행사를 해요.

강릉 단오제
강원도 강릉에서 매년 음력 5월 5일에 단오제를 지내요. 마을을 지켜 주는 수호신에게 제사를 지내면서 한 해 농사가 잘 되고, 마을 사람들 모두에게 좋은 일만 생기게 해 달라고 빌어요.

우리나라의 문화유산

우리 조상들이 남긴 문화유산 중 세계가 인정한 문화유산이 있어요.
고창·화순·강화 고인돌 유적지, 창덕궁, 종묘, 불국사와 석굴암, 수원 화성, 경주 양동 마을과 안동 하회 마을, 조선 왕릉 등이에요. 이런 문화유산들은 우리 조상들의 예술적인 솜씨와 과학 기술 등을 엿볼 수 있지요.

고인돌

고인돌은 돌로 만든 무덤이에요. 아주 오랜 옛날 지배자의 무덤이지요. 땅 위에 4개의 커다란 돌을 세워 돌방을 만든 뒤 시신을 넣고 그 위에 덮개돌을 얹는 방법과 땅속에 무덤방을 만들어 시신을 넣은 뒤 커다란 돌로 덮는 방법이 있어요.

석굴암

석굴암은 통일 신라 시대에 만들어진 것으로, 둥그런 모양의 돌방 안에 석가모니 불상을 조각해 놓았어요. 무엇이든 다 들어줄 것 같은 자비로운 모습의 정교한 불상이지요. 이렇게 세밀하게 불상을 만든 기술이 무척이나 놀라워요.

불국사

불국사는 통일 신라 시대의 대표적인 건축물이에요. '부처님의 나라'란 뜻을 가지고 있는 절이지요.
절 앞마당에는 석가탑과 다보탑이 남아 있어요. 청운교, 백운교 등 돌로 만든 다리도 남아 있어 신라 사람들이 돌을 다루는 솜씨를 엿볼 수 있어요.

창덕궁

창덕궁은 조선 시대 왕이 살던 궁궐이에요.
옛날 궁궐 모습이 그대로 잘 남아 있고, 건물들이 주변의 아름다운 자연과 잘 어우러져 있어요.
창덕궁 뒤쪽에는 연못과 정자, 나무들이 우거져 있는 아름다운 정원이 있어요.

종묘

종묘는 조선 시대 왕과 왕비, 큰 공을 세운 신하들의 제사를 지내던 곳이에요. 우리 조상들은 나라에 대한 충성과 부모에 대한 효도를 중요하게 생각해 이런 건물을 지어 놓고 제사를 올렸어요.
우리나라의 종묘는 다른 나라의 종묘에 비해 그 길이가 가장 길다고 해요.

안동 하회 마을

안동 하회 마을은 풍산 류씨들이 모여 살고 있는 곳이에요. 경주 양동 마을과 함께 세계가 인정한 문화유산이지요.
이곳에 남아 있는 건축물들을 통해 조선 시대 양반들의 집과 생활 모습을 알 수 있어요. 이 마을에는 '하회 별신굿 탈놀이'가 전해 오고 있어요.

수원 화성

수원 화성은 조선 시대에 만들어진 성이에요.
도르래의 원리를 이용해 만든 거중기로 쌓은 성이지요.
화성을 쌓은 과정에 대해 자세히 기록해 놓은 책인 의궤가 남아 있어 그 가치가 더 높아요.